目 录

1—3 **卷首语**
  加强语言学对语文教育的支撑／李宇明／1

4—56 **语文教育领域语言规划专题**
  "语文教育领域语言规划"专题编者按／4
  语文知识在中小学语文教学中的地位及探索／苏新春／5
  语文教育与语言文字规范／顾之川／15
  使用权威辞书 提升语言能力／储泽祥／20
  "语言建构与运用"应强化规范意识／杨书松／25
  国别化基础教育母语教材研究现状与发展突破探讨／杜晶晶／31
  语言文字规范需要科学的汉字教育／王立军／38
  语文教学要高度重视学生口语能力的培养／袁钟瑞／41
  落实规范标准，逐步达成目标
    ——略谈小学语文教材汉语拼音内容编排思路／徐 轶／45
  如何在语文教学实践中培养学生"语言建构与运用"的素养／王 岱／48
  我国少数民族地区国家通用语言文字规范教育的状况与对策
    ——以新疆阿克苏地区为例／童志斌／51
  谈谈"深度识字"／程少峰／55

57—78 **周边语言文化与民族语文应用研究**
  云南金平傣文语音的规范化问题／刀 洁 周 焱 王玉清／57
  中缅边境地区缅甸语需求调查研究／段聪丽 张静波 李秀娟／69

79—97 **语言政策与语言规划研究**
  中小学校本教材语言文字规范性的管理状况及对策／徐欣路／79
  印度尼西亚独立后语言教育政策的发展／苏琳琇／85

Journal of Language Planning
No. 9 2020
Main Articles

On the Support of Strengthening Linguistics to Chinese Education / LI Yuming / 1

The Position and Exploration of Chinese Knowledge of Chinese Teaching in Primary and Middle Schools / SU Xinchun / 5

Chinese Language Education and Language Standards / GU Zhichuan / 15

Use Authoritative Dictionaries for the Enhancement of Language Competence / CHU Zexiang / 20

"The Construction and Application of Language" Should Strengthen the Consciousness of Standardization / YANG Shusong / 25

A Review of the Current Situation and Breakthroughs in the Development of Nationalized Basic Education Mother Language Textbooks / DU Jingjing / 31

Standardization of Jinping-dai Character in Yunnan / DAO Jie, ZHOU Yan, WANG Yuqing / 57

An Investigation and Study on Demand for Myanmar Language in China-Myanmar Border Areas / DUAN Congli, ZHANG Jingbo, LI Xiujuan / 69

Management Status and Countermeasures of Language Standardization in School-based Textbooks for Primary and Secondary Schools / Xu Xinlu / 79

The Development of Language Education Policies in Indonesia after Independence / SU Linxiu / 85

卷首语

加强语言学对语文教育的支撑

李宇明

中国的语言研究一直都有为语文教育服务的传统。中国古代的语言研究，是从关注两大社会语言问题开始的：一为教儿童识字。如据传为周宣王的太史所作的《史籀篇》，秦代李斯作的《仓颉篇》，赵高作的《爰历篇》，胡毋敬作的《博学篇》，都是古代的蒙学课本；二为训释经书。也就是帮人读经，《尔雅》《说文》等所开创的小学传统，就是经学的翼羽。中国古代的语言研究传统，用今天的话来说就是为语文服务。

中国现代语言学一直在两个领域非常用心，一是社会语言规范领域；二是教育领域（包括学校教育和社会教育）。早期关于国语/普通话的提倡、汉字的整理与改革、注音字母和汉语拼音的设计、民族语言的识别及一些民族文字的设计与改革、为推广普通话而进行的汉语方言调查、《新华字典》《现代汉语词典》的编纂、《通用规范汉字表》的研制等，都凝聚着几代语言学家的心血与智慧。这是社会语言规范领域。在教育领域，王力、吕叔湘、黎锦熙、朱德熙、胡裕树、张斌、陆俭明、邢福义等前辈出版的很多语法学著作，都首先是用于教学的。张志公先生曾经主持编写了《暂拟汉语教学语法系统》，20世纪80年代进行修订时，吕叔湘、史存直、朱德熙、胡裕树、张斌、吕冀平、廖序东、张静、黄伯荣、陆俭明、邢福义、李临定、徐枢、饶长溶、施关淦、于根元、卞觉非、史有为、陆丙甫等先生都是参与者，《中国语文》还编辑出版了《汉语析句方法讨论集》（上海教育出版社，1984年）。很多学术前辈一生都在关心社会语言规范，关注语文教育，非常了不起。

改革开放以后，中国语言学研究与世界语言学研究的隔离状态被打破了，不仅引进了结构主义语言学、转换生成语言学、语用学、语言类型学、功能语言学、认知语言学等新理论、新流派，也向中国语言学界介绍了各种研究方法，语言学也逐渐与其他学科组成了交叉学科。可以说，中国的语言学研究已经得到了长足发展。但值得重视的是，语言学的知识基本没有进入中小学的语文教学。也就是说，从改革开放以后，语言学的新知识、新理念、新成果，几乎没有与中小学语文教育相结合。为什么？有两个原因：一是师范教育的原因，部分师范大学虽有"师范"之名，但在中小学师资培养上并不热心；二是语言学自身的原因，中国的语言学希望成为"全语言"的科学，不愿被局限为"教学语言学"，甚至区分了"教学语法"和"科学语法"，这样就相对削弱了对语文教学的关注。

改革开放后的四十年来，特别是最近一二十年，我们的语言生活发生了重大变化。第一是传媒形式的发展。过去以平面媒体为主，如今以有声媒体、电子媒体为主，并出现了融媒体的发展趋势；过去以笔写字为主，现在的"键盘时代"以键盘打字为主。第二是对待传统的态度。过去把中国传统作为文化包袱，希望尽快扔掉，因此文言文教育少了，也不系统进行繁体字教育；而近些年来重新尊重传统、发扬传统。第三是"构建人类命运共同体"的新视野。未来将是多元化、全球化的时代,我们的后代能否很好地在国际上行走?能否将中华文化和世界文化很好地交流互鉴?中小学时代的教育能否为孩子们未来的生活提供足够的营养?语文教育如何反映中国语言生活的重大变化、如何帮助他们过好未来的语言生活?这是我们今天必须思考的问题。

这一时期语文教育受到了行政部门的高度重视,很多与语文相关的学科、机构也发展起来了。但是非常有意思的是,语言学家在语文教育领域的身影越来越稀疏,只有个别学术团队、个别学者还在这个领域里辛勤耕耘。其中有两个团队非常值得赞赏,第一个是以王宁教授为首的团队,在文字教学、语文课标研究等领域倾注了大量精力;第二个是苏新春教授的团队,在语文教材分析方面做了很多工作,不光是大陆的语文教材,还有香港、台湾以及国外的语文教材;不仅是当代的语文教材,还有民国时期的,还研发了《义务教育常用词表(草案)》。这种"身影稀疏"的景观是应当迅速改变的。在语文教育改革的新征程里,语言学界应该发扬传统,全力支撑母语教育。应该考虑如何建构起支撑语文教育的知识体系,包括对教材编写的支撑,对一线教师的支撑,对课标制定者和中考、高考语文命题组的支撑。

最近我也有缘参与了高中语文教材的审定工作,也正在参与基础教育语文的课标修订完善工作。我深深感觉到,与其他学科相比,语文课程的最大困难是不知道什么是"语文",不知道语文教育究竟该做什么事情。数学、物理、化学等学科有明确的学科体系支撑,但是语文没有。它不是语言文字学,不是文学,也不是文化学。语文这个学科究竟讲什么东西,这个学科究竟在人生发展中能够发挥什么作用,我们都不清楚。有时候想得太简单,认为语文就是一个工具;有时候又想得太复杂,把中国公民需要的知识全都压进语文里。特别是课文,哪一方面涉及不到,都会有人批评,比如劳动教育、环境保护教育、反腐倡廉、传统戏曲等。希望语文教育把中国公民所有应该具备的知识、能力、素养、品质全部培养起来,真是不堪其重。

目前,课标基本上打破了所谓工具性、人文性的争论,从语文知识的教育转变到语文能力的培养,再转入语文素养的提升,语文素养的提升又集中体现在多个"任务群"里。不过,目前就我参加的相关活动来看,现存的困难和问题还有以下几方面:

第一,教材编写缺乏语言文字知识的供给者,缺乏将知识转化为能力再转化为素养的后台。也就是说,缺乏分年级的、教材编写者可参考的语言学基本指标,比如语音指标、文字指标、词汇指标、语法指标、标点符号指标、语言使用指标等。

第二,字词之外的语言应用,教材里讲得太少。比如口头表达问题,不光要看普通话标准不标准,更要看说话得体与否。很多人一讲话就得罪人,让人不舒服,就是因为不知道会话的合作原则、礼貌原则等。

第三,语文的三大工具(拼音工具、辞书工具、信息技术工具),语文课也考虑得不够。比如,拼音学习中缺乏"拼写"观念,拼音的大小写、词怎么转行都好像没有教给学生。如果小学没有教,初中或者高中应该考虑教一教。目前的情况是,中国人写汉语拼音很少有把自己名字写对的,经常连最基本的"姓在前,名在后"都不能坚持,大街上标牌的拼音更是五花八门。拼音的使用是重要的语文生活,用不好,与中小学语文教学是有关系的。

第四,语文教育中的某些语言观念需要修正。语文老师和语文教材,多数还是把语言规范看作"匡谬正俗"之物,这是非常传统的规范观。比如人们总是讨论"四"字的第二笔有没有钩,讨论得非常热烈,甚至考试也作为命题的题眼。考这种问题,对于语言文字能力的考查有多大意义呢?带钩不带钩,可能是字体的差异,黑体和宋体都不一定带,楷体和仿宋可能会带。这跟语言文字能力没有太大的关系。

第五,中小学缺乏基本的语言常识教育。普通话和方言是什么关系?中国有多少汉语方言和民族语言?世界上的语言状况如何？汉语在世界上地位如何？要知道，大学分科后，不读中文系、外文系的学生，就很少接触这些东西了。因此，中学水平就是中国公民语言文字知识的最高水平。一些常识基础教育不讲，上了大学之后，有人就对繁体字迷信起来，对普通话的认识偏颇起来，不能正确判断语言生活的是与非。语文课中应当体现最基本的语言理念。将来有助于学生判断语言生活是非的知识，应该受到重视。

这些问题也并不是教材编写者认识不到。我这次在教材编写工作中发现，编写者不是不愿意把语言文字知识放进去，而是想放进去但找不到合适的载体。文字的古今发展、修辞、逻辑学等都找不到适合基础教育的素材，找来找去还是觉得吕叔湘先生当年写的文章好。现在的语言学家、文学家应注意面向中小学生写点东西。

真正好的教育还必须落实到教师身上，他们是"投篮手"。当前支撑中小学语文教学的师范教育体系面临着不少困难。语言文字专业人才的培养与数学、物理等专业相比，发展得太晚了，一般到硕士研究生才开始专业培养。中文专业本科一般培养不了语言文字的专业人才。中文本科（包括师范教育的中文本科）都偏重文学，毕业时以语言文字问题为题做论文的学生很少。中学教师多数缺乏语言文字的基本常识，这不是靠一两天的补课就能够补起来的。加强师范教育，重新建立语文教育的支撑体系，是个很大的问题。如果现在不抓，再过二十年，恐怕问题就更大了。到那个时候，可能要找胜任教材编写，把文字知识、拼音知识讲清楚的人都会有困难。

总之，语文教育是需要语言学支撑的（当然，也需要其他学科支撑）。然而就现在的研究队伍、教师教育体系和语文教育的实际来看，语文教育几乎失去了语言学的支撑。这种状况已经严重影响到基础教育的质量，严重影响到国民素质的培养。"淡化语法"的提法值得反思，"弱化师范、淡化师范"的做法也值得反思。

语文教育领域语言规划专题

"语文教育领域语言规划"专题编者按

  2019年7月18日，由教育部语言文字信息管理司指导，北京语言大学主办，国家语委科研基地中国语言文字规范标准研究中心、语言科学院语言政策与标准研究所、《语言规划学研究》编辑部承办的语文教育领域语言规划研讨会在京成功举办，来自全国各地高校、科研机构、出版机构和中小学的代表30余人参加了会议。会议以"语文新课标、新教材与语文教育领域的语言规划问题"为主题，具体内容包括：新课标和新教材中语言文字相关内容的新发展、新变化；基础教育中语言文字规范意识的提升与语言文字规范标准的贯彻落实；新时期社会发展对语言文字运用能力培养提出的目标和要求；语言文字运用能力培养的途径及相关课程设计和教学案例；新中国成立以来语文教育和语言规划关系的变化发展。会上，专家的发言和讨论既有涉及语文教育宏观规划问题的，又有涉及语文教育中语言文字规范等相对微观问题的；既有从规划者角度关注语文课程、语文课标和语文教材整体设计的，又有从实施者角度关注语文课堂对语言规划的落实途径的；既有聚焦中国语文教育问题的，又有放眼全球，关心世界上母语教育新动向的。总之，在这次会议上，专家观点可谓精彩纷呈，学术价值很高。本期刊物特设"语文教育领域语言规划"专题，收录本次会议学术论文6篇和专家发言稿6篇，以飨读者。

语文知识在中小学语文教学中的地位及探索*

苏新春　厦门大学国家语言资源监测与研究教育教材中心

[摘　要]　在当前的语文教学改革中,"重建语文知识体系"的任务已经提出。语文知识指为了有助于提高学生对母语语言文字能力的培养,需要纳入教学环节的有关语言文字知识,包括文字、词汇、语音、语法、修辞、逻辑、写作等方面的内容。语文知识可以是成系统的完整的语文知识,也可以是在教材与教学中的某个部分某个环节中以个别、零散形式存在的语文知识。重建语文课程的语文知识,关键要解决好三个问题:一是数量,即语文知识的多少、深浅、难易、广狭、类型等。二是质量,即语文知识的建构原则、机制、作用等。三是功能,即语文知识与语文能力培养有着怎样的关系,能发挥怎样的效果。科学地建构好语文知识的资源,应掌握以下三个原则:要符合语文课程的定位与需求;要符合中小学生的学习规律与特点;运用科学的方法来合理提取与编制。

[关键词]　语文教学;语文能力;语文知识;知识体系

一、语文知识是语文教学中的重要基础

(一)语文知识"不显"中的重要性

我国从清末民初开始的现代基础教育语文课程,走过了百余年历程,有两个问题一直缠绕其中。

第一个问题是人文性与工具性。人文性与工具性到底是怎样的关系,孰为主辅,孰为显隐,长期以来引起不尽的讨论。小学语文教学史显示,从民国时期的语文教材至50—60年代,再到80—90年代,直至进入21世纪的新课标教材、当下的统编教材,这个问题一直成为焦点,在起起伏伏中语文课工具性总体上还是得到人们充分看重的。"'50语文大纲'规定,小学语文教学的内容有阅读教学、汉语教学、作文教学、写字教学等,并且规定各自的教学课时。语文课本的编排,以阅读教材为主体,将各项语文基本功的训练综合安排。"1956年汉语教材与文学教材分立,对语文知识的重视达到一个高峰,可惜只是昙花一现。"1958年……小学语文汉语语文教学改革,也随着中学汉语、文学分科教学的停止而终止。这次小学语文教学改革,虽然没能按原计划进行,改革经验也没能来得及进行总结,但是,这场改革在小学语文教学领域却产生了积极影响。"[①] 到60年代,语文的工具性再度受到重视。"'63语文大纲'明确提出语文学科的工具性。……由此来说明学习语文的重要性,阐明语文学科的工具性。这就解决了在语文教学中长

---

* 本文2019年7月18日在北京语言大学举行的"语文教育领域语言规划研讨会"上,以《加强语文资源建设 提高语文课的科学性》为题作过交流。之后于2019年10月27日在山东师范大学文学院作学术交流。本研究得到厦门大学人文社科重点培育项目(2019)"世界主要国家基础教育母语能力与资源建设研究"和国家语委2019重点课题"汉字文化圈主要国家(地区)中小学教育教学资源建设状况调查与研究"(项目编号:ZD135-84)的资助。林治金:《中国小学语文教学史》,山东教育出版社1996年版,第462页。

① 林治金:《中国小学语文教学史》,山东教育出版社1996年版,第468页。

期没有解决好的语文学科性质的问题。"① 顾之川先生认为,1949—1977 年"语文工具论成为语文教育教学的指导思想"。② 这个问题"本来不应该再成为问题的",可到 1997 下半年起,"以《北京文学》1997 年第 11 期发表的一组文章为标志,社会上开展了一场声势浩大的关于中小学语文教育大讨论……一时间工具论成了语文教育的罪魁祸首,万恶之源。"③ 语文课具有培养语言能力的具体而独特的任务,只是语文课内容的原因,与思想情操道德观念有着密切联系,如果没有清晰的定位与认识上的定力,往往会以"道"统"器",把人文性放在高于一切的位置。

第二个问题是语文知识与语文能力语文素养的关系问题。语文能力语文素养该如何培养？语文知识在里面有没有起作用？有着怎样的作用？到底需要怎样的语文知识？这是另一个长期纠缠的问题。20 世纪 50 年代初叶圣陶先生对"语文课"作了清楚的界定,"说出来是语言,写出来是文章,文章依据语言,'语'和'文'是分不开的。语文教学应该包括听话、说话、阅读、写作四项。因此,这套课本不再用'国文'或'国语'的旧名称,改称'语文课本'"。④ 语文课是"口语"与"书面语"的并重,而非"语言课"和"文学课",也非"语言"与"文字"的叠加。语文课应是特别看重语言能力语文素养培养的课程,但关键在于这样的能力与素养该如何培养。大量的阅读、写作当然是必需的,而基本的语文知识要不要？它应占有怎样的分量？能发挥怎样的作用？实际上,只有当语文知识这一块做实了,能力训练与素养培育才能成为有本之木、有源之水;如果这一块没有落到实处,不仅语文素养难以落实,还很可能将语文素养与人文素养混而同之,甚至等而代之。在 21 世纪初的《语文课程标准》（实验稿,2001）就出现了这种混同情况。这时谈的语文素养成为几乎无所不包的东西。"什么是语文素养？它的内涵十分丰富。它以语文知识为基础,语文能力（识字、写字、阅读、习作、口语交际）为核心,是语文能力和语文知识、语文积累（文化底蕴）、审美情趣、思想道德、思想品质、学习方法和习惯的融合。这种素养不仅表现为有较强的阅读、习作、口语交际的能力,而且表现为有较强的综合运用能力——在生活中运用语文的能力以及不断更新知识的能力。《语文课程标准》把教育学生的人文素养放在语文教育的首位。什么是人文素养？良好的人文素养表现在：(1) 爱国主义感情和社会主义道德品质。(2) 认识中华文化的丰厚博大,不断吸收民族文化智慧。(3) 具备开阔的视野,关心当代文化生活,吸收人类优秀文化的营养。"⑤ 显然,语文素养在这里成了统揽一切的东西,对内,于"语文"的内容无所不包；于外,于"人文"的内容无所不兼。顾之川先生对这种将语文素养泛化的做法给予了尖锐批评："语文课程标准研制组煞费苦心,一方面,新课程既要尊重语文教育的历史,给工具论以应有的地位；另一方面,面对日渐成为文化教育主流意识的人文论,又必须予以反映,……为了适应这一变化,课程标准把过去语文教学大纲中'培养学生的语文能力'改为'全面提高学生的语文素养'。然而,何为语文素养？何为语文工具性？语文人文性的具体含义是什么？工具性与人文性到底是一种什么关系？在语文教学中,二者又该如何统一？课程标准语焉不详,语文教育理论工作者也是众说纷纭,广大教师更是无所适从。"⑥

因此,当语文知识、语文能力、语文素养并列时,对语文知识往往是一笔带过,没有描述,没有落实,没有传授。语文知识的极度虚化,以至于那几年

---

① 林治金：《中国小学语文教学史》,山东教育出版社 1996 年版,第 476 页。
② 顾之川：《新中国语文教育七十年》,《语文战略研究》2019 年第 4 期。
③ 顾之川：《语文教育论》,福建教育出版社 2013 年版。
④ 宋云彬等编纂：《初级中学语文课本》,人民教育出版社 1950 年版,第 10 页。"编辑大意",第 1 段。
⑤ 苏新春、杨书松、孙园园：《21 世纪新世纪基础教育语文教材语言研究》,广东教育出版社 2017 年版,第 19 页。
⑥ 顾之川：《语文教育论》,福建教育出版社 2013 年版,第 8 页。

多个省份的高考语文试卷甚至没有一道这方面的试题。语文课成了难以落实,全凭"体悟""灵动"来感受的课程。语文能力与语文素养的获得,是靠"熟能生巧"的纯机械性反复操习?还是靠理论学习与实践操习相结合的循环往替?其道理自明。从"语文知识"到"语文能力",从"语文能力"到"语文素养",再从"语文素养"到"人文素养",每一步变化都不算大,但经两三轮的摆渡后,实质性差异就出现了。不难看出,语文课中最实的内容就是语文知识,它是知识往能力、能力往素质转化的基础与起点。语文知识实了,语文能力与语文素养就有了依托;语文素养高了,人文素养的转化与积累就有了更好的条件与载体。

2017年开始的语文课程改革对语文知识给予了新关注。"'部编本'语文教材结构上明显的变化,是采用'双线组织单元结构',按照'内容主题'(如'修身正己''至爱亲情''文明的印迹''人生之舟'等)组织单元,课文大致都能体现相关的主题,形成一条贯穿全套教材的、显性的线索……;同时又有另一条线索,即将'语文素养'的各种基本因素,包括基本的语文知识、必需的语文能力、适当的学习策略和学习习惯,以及写作、口语训练,等等,分成若干个知识或能力训练的'点',由浅入深,由易及难,分布并体现在各个单元的课文导引或习题设计之中。""重视语文核心素养,重建语文知识体系。……在一二十年前,语文教学的知识体系是比较清楚的,听说读写的能力点、知识点,也都比较成体系。……实施新课程以来,特别是课标的出台,……课程改革几乎一边倒,就是强化人文性。……但又出现另一趋向,就是语文的知识体系被弱化,甚至被拆解了,……'部编本'语文教材很重要的一点改进,就是让课程内容目标体现的线索清晰,各个学段、年级、单元的教学要点清晰。……'部编本'语文教材就已经在努力建构适合中小学的语文核心素养体系。但这是'隐在'的,不是'显在'的。"[1]

上面这段论述值得重视,尽管语文知识还只是作为"暗线"的一部分而出现。但"重建语文知识体系"的任务已经明确提出了。那么这个知识体系是如何构成的?应包括哪些语文知识?其数量、分布及关系如何?都值得进一步研究。

(二) 对语文知识的认识

语文知识指的是为了有助于提高学生对母语语言文字能力的培养,需要纳入教学环节的有关语言结构与语言应用规律与特点的语言文字知识,包括文字、词汇、语音、语法、修辞、逻辑、写作等方面的内容。

语文知识可以是成系统的完整的语文知识,也可以是在教材与教学中的某个部分某个环节中以个别、零散形式存在的语文知识。系统、完整的语文知识可以表现为语文知识专题知识集,如字表、词表、音节表、拼音表及语法、修辞、逻辑等知识集,可以表现为教材中的语言知识专题的形式,也可以表现为教学大纲的附录或教师参考用书等形式。个别零散的语文知识则多是掺杂在语文教材某个部分如单元、知识窗、题解或练习题等。

处理语文课程中的语文知识,关键有三个:一是数量,即语文知识的多少、深浅、难易、广狭、类型等。二是质量,即语文知识的建构原则、机制、作用等。三是功能,即语文知识与语文能力培养有着怎样的关系,能发挥怎样的效果。

二、对语文知识科学化的呼唤

其实,在百余年的小学语文教学史中,无论是理论研究界还是教学实践中,人们都对此有过深刻认识,也做出过不懈的努力。

(一) 学术界的期盼

要加强语文知识的教学,要为语文教学提供科学

---

[1] 温儒敏:《"部编本"语文教材的编写理念、特色与使用建议》,《课程·教材·教法》2016年第11期。

化的教学资源，前代学者就有过不懈的追求。叶圣陶、吕叔湘、张志公等著名语文教育家几十年前就为之呼吁。叶圣陶说："编辑课本从统计词和句式入手，诚然麻烦。然而读者读了这样编成的课本，可以到处应用，不至于把拿到手里的工具随便丢开。那么麻烦一点也是值得的。……可惜用这样方法来编辑课本的还没有。"① 吕叔湘先生在20世纪60年代指出："谈到语言教学的研究，我觉得有许多基本工作没有做，……比如关于词的出现频率的研究就很重要。西方国家特别是美国几十年前就有人做这种统计。这种材料对编教科书编词典都很有用处。我们现在编小学课本就只能靠主观想象。要编小学生用的字典词典，收哪些字和词也只能凭'估计'。"② 张志公先生指出："词汇，似乎还没有一份适应教学用的现代汉语常用词表，要赶紧搞这么一个表出来。……之后，还要根据难易，根据需要，排好次序和进度，定出各个学习阶段掌握这些字和词的深度和熟练度。"③ 这里几位先生说到的"词""句式""词典""词表"，包括要了解它们的"频率""次序""进度""深度""熟练度"，就是语文知识的内容与存在样式。它们应是有形、有量、有序、有度的。这就是"语文知识体系"应该包括的必备内容。2006年广东学者赖华强教授发文以《语文词汇定量研究——一项不能再耽搁的工程》为题强调要加强"中小学常用词表"的研究。④ 上面几位先生提到的常用字表、常用词表、常用语法句型及常用修辞知识点等，是语文教学必不可少的重要教学资源。

这项极重要的基础工作应该要有人来承担。中国辞书学会会长、北京语言资源高精尖创新中心主任李宇明教授在2019年两次重要研讨会上都语重心长地提出了批评："语文教育的确需要学者来研究，语言学怎样支撑语文教育？这是个值得思考的问题。"⑤ "语言学在一些重要的传统领域中'失音'，如汉语母语教育领域。中国语言学是从这个领域发展起来的，但现在语言学家在母语教育领域的身影已经十分稀疏，中学语文教育的支撑体系正在'沙化'，汉语母语教育的语言学支撑体系（知识体系、研究体系、人才培养体系）几乎消融。……中国语言学者要有大格局、大心胸，关注各个领域的语言问题。"⑥ 国家教材局申继亮副局长也指出语文教学的根本出路在科学化，"我们今天的教材编写基本上还处于一个'准科学阶段'，无论是文科还是理科，如果连问三个问题，我敢说很多人答不上来。"北京第八十中学语文特级教师王岱指出"语文学科必须要有科学性"，"我参与了高中课标的修订，其中有一个《学业水平质量标准》，在制定这个标准时老师们非常用心，反复去权衡，做起来很难。这和语文学科特点有关系，不像数理化的知识点可以量化。语文学科必须要有科学性。比如一个学生接受义务教育之后应该掌握多少汉字、多少词汇，在半个小时或者一个小时内能写出多长的作文，这个水平能达到哪个限度，应该有个标准。"⑦

申继亮先生还指出，目前语文教育科学化做得最好的就是汉字教学，纳入《语文课程标准》附录的"中小学语文课常用字表"就是出自《通用规范汉字表》中的一级字。《义务教育常用词表（草案）》也有助于提高词汇教学的科学性。"这个词表在分级上迈出了一步，规律、分级的概念是真正体现反映学生认知规律的一个重要表现。所以这个词表确实是非常

---

① 叶圣陶：《叶圣陶语文教育论集》，教育科学出版社1980年版，第175、176页。
② 吕叔湘：《吕叔湘语文论集》，商务印书馆1983年版，第319页。
③ 张志公著，孟宪范编：《再谈语文课的几个问题》，福建教育出版社1985年版，第74页。
④ 赖华强：《语文词汇定量研究——一项不能再耽搁的工程》，《语文建设》2006年第7期。
⑤ 银晴：《〈义务教育常用词表（草案）〉出版座谈会大家谈》，《江西科技师范大学学报》2019年第3期。
⑥ 见于《2019海内外中国语言学者联谊会暨第十届学术论坛在京举行》，商务印书馆汉语中心，微信公众号，2019年7月20日。
⑦ 参见银晴《〈义务教育常用词表（草案）〉出版座谈会大家谈》，《江西科技师范大学学报》2019年第3期。

有价值、有意义的一项工作成果。"① 但类似这样的语文知识教学资源还太少。字与词还只是语文知识语文教学资源中的一部分，语法、修辞、逻辑、语篇、写作等方面还有许多应该为中小学生掌握的语文知识，语言学界应该为此做出自己的贡献，应该要有明确目标，做出清晰规划，并有计划地实施。

（二）教材语言现况显示对语文知识需求的迫切性

语文教材语言状况也呈现出对语文知识的客观需求。我们调查发现，拥有相同教学大纲、相同教学时数、相同教学要求的情况下，不同教材之间的词汇面貌相差相当大，共有词语的比例相当低。②

四套教材词汇调查如表1所示：

表1

教材	分词单位总数（个）	词总数（个）	词种数（个）	共用 词种数（个）	共用 比例（%）	部分共用 词种数（个）	部分共用 比例（%）	独用 词种数（个）	独用 比例（%）
人教版	342911	287096	24852	10460	42.09	9276	37.32	5116	20.59
苏教版	261997	219337	23180	10460	45.13	8246	35.57	4474	19.30
北师大版	316522	264280	26895	10460	38.89	8840	32.87	7595	28.24
语文版	368696	306879	28400	10460	36.83	10129	35.67	7811	27.50

上表显示共用词在每一套教材中占比最高的是45.13%，最低的是36.83%。而把共用词放到四套教材的总词种数中来看比例还会大大降低。四套教材总词种数有50650个，共用词种数只占20%，可见不同教材之间词汇面貌差异之大。可是教材要学哪些词，哪些词更为重要，数量与状态如何，这些在大纲中并无只字说明。

张志公先生说："我曾发现，一个'扛'字，幼儿园在讲，小学在讲，甚至初中还在讲。我们应该搞好研究工作，克服重复浪费的现象。"③ 我们调查也发现同样现象，如"小心翼翼"作为生词，在不同的教材里安排相差很大，有小学二年级的，也有四年级上的，五年级下的，还有初二上等多种安排。

（三）国家语言文字主管部门的重视

作为我国语言文字工作的最高管理机构——国家语委也十分重视中小学语文教育的科学化工作。早在2002年"十五"科研规划项目指南中就设立了促进语文教育科学化的语文知识资源化的课题，列有"普通话音节全表""通用词语词量及分级""通用词语读音表""轻声、儿化规范""通用词书写形式规范"等。如果说这里说的还是普通话系统中的音节表、词表、读音表、轻声儿化表、通用词书写规范的话，而到2004年，就出现了有关基础教育方面语文知识的课题："基础教育基本字表""扫盲教育基本字表"等。笔者有幸主持了这方面的两个课题。④

在《义务教育常用词表（草案）》的出版座谈会上，教育部语言文字信息管理司田立新司长代表国家语委清晰地表达了政府的决心："一直以来，国家语委致力于服务国家发展需求，也高度重视开展语言学习、语言教育教学等各方面的科学研究。2011年针对我国义务教育阶段中小学语文词汇的定量研究比较缺乏，而中小学语文教学的科学化迫切需要有一个针对性强、适用性强的词表的情况，国家语委设立'基础

---

① 参见银晴《〈义务教育常用词表（草案）〉出版座谈会大家谈》，《江西科技师范大学学报》2019年第3期。
② 苏新春：《基础教育语文新课标教材用字用语调查》，《中国语言生活状况报告（2007）》，商务印书馆2008年版。
③ 张志公、孟宪范：《语文教学论集》，福建教育出版社1981年版，第25—27页。
④ "现代汉语通用词语词量及分级"（2002，课题编号：YB105-13A）、"基础教育学习性词表的研制"（2011，课题编号：YB125-29）、"基础教育学习性词表"分级、验证及推广（2016，课题编号：HQ135-1）。

教育学习性词表的研制'项目，确定中小学学习性词表特点，梳理基础教育语文课与其他学科教材词汇使用与词汇教学现状，并且根据儿童阅读与词汇应用规律研制常用词表。这也是我们当时设立课题想达到的主要目标。"①

《义务教育常用词表（草案）》的出版，显示在中小学语文教学的科学化，语文知识体系建构上迈出了可喜的一步。但这仅仅是一个尝试，还有许多问题需要更深入思考与认真解决。

三、做好语文知识资源化科学化应注意的几点

在语文课程的语文知识的体系化建设中，要遵循若干基本原则。

（一）要符合中小学生课程的定位与需求

语文知识的体系化就意味着对纳入中小学语文课程教学范围的语文知识需要有严格的量与质的考虑。量与质的要求取决于哪些因素呢？首先当然应该是语文课程的需要。语文课程大纲的规定可以做得很虚，也可以做得很实。在整个20世纪从《1902年钦定蒙学堂章程》至《2000年九年义务教育全日制小学语文教学大纲（试用修订版）》的25份小学语文教学大纲中，对语文知识的要求也经历过无有、略详、多少、具体概括之间的起伏不定的变化。

1941年的《小学国语科课程标准》是20世纪25份小学语文教学大纲中的第10份。它首次在"附录二"中列出了"一、单句的组织""二、单句复成分的组织""三、单句成分的省略组织""四、复句的组织""五、句子的语气"等方面语文知识的要求。②

1950年《小学语文课程暂行标准（草案）》，首次对小学的五个年级的课文篇幅进行了长度的说明。一年级"1. 注音符号（有条件的得用拉丁字母）。2. 由五百个常用字组织的基本语汇。3. 七个字以内的简短语句。4. 反复语句组织成的完整短篇，可以七十字左右（下学期起）。5. 重要的句读符号"。二年级"1. 继续前学年。2. 由一千个最常用字组织的基本语。3. 十个字以内的简短语句。4. 继续前学年，篇幅可加长到一百五十字左右。5. 全部点号和一部分符号"。三年级"1. 继续前学年。2. 由一千六百字个常用字组织的基本语汇。3. 形容词很少的语句。4. 组织完整，段落分明的短文，篇幅可加长到三百字左右。5. 全部标点符号"。四年级"1. 有条件的得加拉丁字母和注音符号的对照。2. 由二千二百个常用字组织的基本语汇。3. 完整复杂的语句。4. 继续前学年，篇幅可加长到五百字。5. 继续前学年，加段落行款"。五年级"1. 继续前学年。2. 由三千个常用字组织的基本语汇。3. 精练的语句。4. 继续前学年，篇幅加长到八百字以上。5. 继续前学年，完整地使用"。对每个年级都提出了语文知识的要求，"1"为标音符号，"5"为标点符号，"2""3""4"分别为对字、词、句、篇的要求。这是首次在课程标准中加进了如此明确的数量要求及字词句篇之间的层级关系。

50年代以后的多份语文课程标准都保持了类似对语文知识的明确数量与层级的要求，只是要求的详略粗细有所不同。简略些的如1954年的《改进小学语文教学的初步意见》。详细些的如1955年的《小学教学大纲草案（初稿）》，在"阅读课"外还首次分出了"汉语课""作文课""识字课""写字课"。"汉语课"中包括了"语音""词汇""语法""文字""标点符号"五部分内容。1956年的《小学语文教学大纲（草案）》保持类似的结构。

而1963年的《全日制小学语文教学大纲（草案）》对前一份大纲作了大幅修改，最明显的就是压缩删减了有关汉语知识方面的内容，只保留了六方面极其概括扼要的要求："小学语文教学的要求，是使学生认识三千五百个常用汉字；学会汉语拼音，作为

---

① 银晴：《〈义务教育常用词表（草案）〉出版座谈会大家谈》，《江西科技师范大学学报》2019年第3期。
② 张志公著，孟宪范编：《再谈语文课的几个问题》，福建教育出版社1985年版，第27页。

识字的辅助工具；掌握常用的词汇；流利地诵读课文，并且能够背诵教师指定的一部分课文；字写得端正；会写一般的记叙文和应用文，语句通顺，注意不写错别字，会用标点符号。""词汇"的要求高度虚化了，"语句"的要求消失了，突出了阅读与写作。再就是大大加强了对"课文"的硬性要求，对课文的要求由提示、引导式变为每一册每一篇课文都予以固定化。

1978年《全日制十年制学校小学语文教学大纲（试行草案）》是相当简约的大纲，只保留了对"汉字"的明确数量要求，此外对"读""写""说"以语文技能为主的教学都是以能力的描述为主。此后的1980年、1986年、1988年、1991年、1992年、1994年、2000年等年份的教学大纲或教学指导意见，基本都保留了类似的特点。

可见在20世纪百余年的语文课程大纲中，对语文知识要求的明确与细致以50年代的最为显著，之后则为弱化语文知识的趋势，只保留了对汉字学习的刚性要求，而重在对语言技能的要求。在实际教学中，人们对语文知识在语文素养的积累中所起的基础作用仍有着相当的共识。从上述变化趋势来看，2017年的"统编本"语文教材改革中提到要建构"暗线"中的语文知识体系，应是一个有突出标志性意义的创新举措。

除语文课程大纲外，语文课程的教材语言面貌也反映出语文知识在教材语言中的存在是得到控制的。如不同教材在汉字字种上的差异都控制在很小范围。在"新课标版"教材中，人教版、北师大版、语文版、苏教版的课文字种数分别是4317个、4336个、4392个、4176个，相差只有100多个字。① 生字教学的字种数在"新课标"的人教版是2997个、北师大版是2806个；之前的"义务教育版"教材中，人教版的生字数是2535个，北师大版的生字数是2832个。②

如果说教材的汉字使用是受到课程大纲中有关汉字教学的"刚性"约束的话，那么在大纲中没有作明显规定的其他语文知识点也是寓有形于无形中。如修辞格式，或在课文或在单元或在练习的教材语言中，所受的约束也是很严的。仍以上面的四套语文教材为例，出现了修辞用法的只有"比喻（16例）""夸张（9例）""拟人（1例）""对偶（1例）"。

"比喻"——16例在四套教材都有分布，分别是人教版2例、北师大版3例、语文版7例、苏教版4例。其中出现在小学的3例（"这般景象没法比喻，千丈青山衬着一道白银。""这个比喻，我觉得特别亲切。"前一例在两套教材中出现了）；13例出现在初中，其中有8例出现在初三。还出现了隐喻的说法，如"它或象征着幸福，或隐喻着爱情，或呼唤着友谊，或赞美着生命。"（北师大版，小学四上第6课）

"夸张"——"面具运用象征、夸张的手法，使戏剧中的人物形象突出、性格鲜明。"（人教版，小学六下第7课）

"拟人"——"'五老上天都''姊妹牧羊''仙人下轿''仙人把洞门''老僧入定''猪八戒吃西瓜''仙女绣花''丞相观棋''仙人踩高跷''八仙飘海'等，这一类是拟人的，都离不了神仙气。"（苏教版，初中三上第3课）

"对偶"——"当然后头这句对偶还不工整，你再考虑一下。"（语文版，初中三上第6课）；还出现了"对仗"的使用，如"春联最讲究对仗。"（苏教小学四上第23课）；"当然后面这句对仗还不工整，再推敲推敲。"（苏教版，初三下第4课）

上面的调查显示，中小学语文教材对修辞的用法是控制得相当严的，对教学难度控制得很严，很少出现在小学阶段。譬如，有"比喻"，但没有"暗喻""明喻"等。这都显示教材对语文知识点的深度和难

---

① 国家语言资源监测与研究中心编：《中国语言生活状况报告（2007）》（下编），商务印书馆2008年版。
② 苏新春：《基础教育阶段小学语文教材汉字使用调查》，国家语言资源监测与研究中心编《中国语言生活状况报告（2009）》（下编），商务印书馆2010年版。

度的控制是很用心的。

（二）要精心设计，符合中小学生的学习规律与特点

中小学语文教材是中小学生的指定读物，是教学之本，要关注教材的政治思想性的同时，也必须关注于中小学生的心理与语言规律与特点，民国时期的语文教材对此有过很明确规定的。"教材的编选：应注意下列各点"："（二）依据增长儿童阅读能力的原则，想象性的教材（如语言物语等），和现实的教材（如自然故事、生活故事、历史故事等），应调和而平均。(三)依据增长儿童阅读趣味的原则，尽量使教材富有艺术兴趣。（四）依据儿童心理，尽量使教材切于儿童生活。"① 这里提到的"儿童阅读能力""儿童阅读趣味""儿童心理"，就是基本原则。基于同理，语文知识的选取、语文知识体系的建构也必须根据儿童语言习得的基本规律与特点。《义务教育常用词表（草案）》在研制报告中概括出了中小学生词汇学习的三大特点："书面语词汇系统的学习功能""对母语社会的认知功能""体现词汇的习得规律"，具体说就是"要学习的就应是书面语词汇而非口语词汇，是承载着思想观念、历史现实、政治经济、文化社会等的通用性规范性词汇"；"需要学习的正是能体现中小学生认知需求与认知特点的词，能反映中小学生生于斯长于斯的生活、学习的社会存在环境，有利于进一步掌握语言文字知识的必需储备"；"词汇的学习有'知''晓''用'三个层次，……'知''晓''用'三个层次就是'知道''懂得''使用'的差别"。② 研制中小学语文教育所需的语文知识资源，建构语文知识体系，越贴近中小学生的认知需求、认知规律、认知特点，也就会越有效。

又如《通用规范汉字表》由国务院于 2013 年 6 月 5 日公布，这是我国 20 世纪中期以来公布的各种字表中研制最为周全、公布单位最高、权威程度最高的字表。它的研究方法是"确定一、二级字表的具体收字时，始终运用科学的统计，以客观的统计数据为主要的判断依据。""首先把 6500 字中频次在前 3500 的字作为一级字表的基础收字。然后对处于一级字与二级字之间的 200—300 '临界字'进行人工调整。"③ 这里讲的"客观的统计数据"指的主要是字频。对于这个字表在基础教育中如何发挥作用，课题组给出过明确而客观的意见："基础教育的各门课程教材均应使用规范字，义务教育语文课程的识字量，应以一级字为准。在 3500 常用字范围内如何再进行新的划分，基础教育部门均可按照汉字教育的规律，自行制定补充的字表。"④ 因为在社会通用字表与中小学教育用字表之间是有着成人世界与儿童世界巨大差异的。语文课程在将《通用规范汉字表》一级字 3500 字变为"义务教育语文课程常用字表"时，尽管应该做可惜没有做出更大调整，但还是做了提取 300 基本字的工作。"这些字构形简单，重现率高，其中的大多数能成为其他字的结构成分……这些字应作为第一学段教科书识字、写字教学的重要内容。""'部编本'语文教材一年级的课文和习题等的设计就注意严格落实 300 字基本字表。这个字表……主要是依据大量对小学生阅读的调查，从字频的角度来确定哪些字必须先学。另外，还要考虑字的结构等，看哪些字先学，更有利于孩子们理解与记忆。这 300 字大都落实在一年级教材中了。比起以往经验性的安排，这显然更加科学，也更有利于提升学习效果。教师们一定要关注 300 字教学的问题。"⑤ 这里所说的"字的结构""哪些字先学""有利于孩子们理解与记忆"，就都是从儿

---

① 1932 年《小学课程标准国语》，课程教材研究所编《20 世纪中国中小学课程标准·教学大纲汇编——语文卷》，人民教育出版社 2001 年版，第 26 页。
② 苏新春：《〈义务教育常用词表（草案）〉研制的理论与方法》，《语言文字应用》2017 年第 3 期。
③ 王宁主编：《〈通用规范汉字表〉解读》，商务印书馆 2013 年版，第 15、16 页。
④ 王宁主编：《〈通用规范汉字表〉解读》，商务印书馆 2013 年版，第 74 页。
⑤ 温儒敏：《"部编本"语文教材的编写理念、特色与使用建议》，《课程·教材·教法》2016 年第 11 期。

童学习的角度来考虑，而非单纯使用频率的方法所能解决的问题。这就是在建构语文知识体系时要特别关注的地方。

（三）要用科学的方法来提取

建构中小学语文课程的语文知识体系，对语文知识进行资源化建设，还要认识到使用科学性方法的重要。比如对中小学生"常用词表"的研究，长期以来都是根据"频率"的方法，如《现代汉语常用词表》所依据的方法主要就是频率统计法，"利用计算机把频率值（即词的出现频度的高低）和方差值（即词在各种文本中的覆盖率）都达到一定界限以上的词挑选出来，确定为常用词"。① 词表中每个词语所拥有的基本信息是"频数""累计频数""频率""累加频率""方差"，前四项都是对频率的反映，"方差"反映了单个词语与总体词语平均数之间的关系，考虑了与文本分布的关系。但这样的方法基本上是对调查对象使用状况的反映，对语料数量、语料类型、语料来源的依赖性很高。这样的方法是对通用词表研究的一般性方法，我国多个有影响的词表中也基本都是这样使用。《现代汉语频率词典》用的是频率法分布法及综合二法的使用度统计法，核心方法仍是频率法。"我们实际统计了180万字（131万词次，约200万个印刷符号）语料。不同词条总数31159个，其中出现频率在10次以上的常用词8000个，累计出现频率占全部语料总数的95%以上。"② 汉语国际教育用音节汉字词汇等级划分，"尽量把复杂的问题简单化，以多类别的频率统计作为最重要的依据"。③ 而《义务教育常用词表（草案）》则除了频率统计法、分布统计法外，还使用了语义分布法、相对词频法、位序法。"语义分布统计法调查词语的意义分布范围的广狭。……这样的语义类分布特点，与词表的性质与功能是相吻合的，即注重收录语文词、描写词、修饰词、关联词，以达到增强语言表达准确、周全、细腻的效果。""相对词频比较法调查同一个语义类中所有词语在使用频率中表现出的相对高频与低频。相对词频比较法可以保证在一个语义类中遴选出有代表性的词语。""位序在一定程度上能反映出词语的难易差别及认知顺序。与个人的经验判断相比，位序法能反映长期以来的教材编纂经验与教材语言的使用习惯。"④ 这样的方法本质上就是反映出儿童的认知能力、认知需求与认知特点。申继亮认为："我比较赞同这次词表研制方法，语料库来源客观、词量确定有依据，非常值得肯定。要想提高我们的学习效率，一定要体现儿童认知规律，所以分级也是我们的方向。"⑤

概括以上三点，也就是在建构中小学语文课程所需"语文知识体系"，在对语文知识资源化的研制过程中所要遵循的三个基本原则：课程优先原则、学生优先原则、方法优先原则。

参考文献

[1] 北京语言学院语言教学研究所：《现代汉语频率词典》，北京语言学院，1986年。

[2] 顾之川：《新中国语文教育七十年》，《语文战略研究》2019年第4期。

[3] 顾之川：《语文教育论》，福建教育出版社2013年版。

[4] 国家汉办、教育部社科司：《汉语国际教育用音节汉字词汇等级划分》，课题组，刘英林、马箭飞主编《汉语国际教育用音节汉字词汇等级划分》，北京语言大学出版社2010年版。

[5] 何克抗、李大魁主编：《现代汉语三千常用词》，北京师范大学出版社1987年版。

[6] 课程教材研究所编：《20世纪中国中小学课程标准·教学大纲汇编——语文卷》，人民教育出版社2001年版。

[7] 赖华强：《语文词汇定量研究——一项不能再耽搁的工程》，

---

① 何克抗、李大魁主编：《现代汉语三千常用词》，北京师范大学出版社1987年版。
② 北京语言学院语言教学研究所：《现代汉语频率词典》，北京语言学院，"编纂说明"，1986年，第2页。
③ 国家汉办、教育部社科司：《汉语国际教育用音节汉字词汇等级划分》，课题组，刘英林、马箭飞主编《汉语国际教育用音节汉字词汇等级划分》，北京语言大学出版社2010年版，"代序"，第8页。
④ 教育部语言文字信息管理司组编，苏新春主编：《义务教育常用词表（草案）》，商务印书馆2019年版，第343页。
⑤ 银晴：《〈义务教育常用词表（草案）〉出版座谈会大家谈》，《江西科技师范大学学报》2019年第3期。

《语文建设》2006 年第 7 期。

[8] 李宇明：《2019 海内外中国语言学者联谊会暨第十届学术论坛在京举行》，商务印书馆汉语中心，微信公众号，2019 年 7 月 20 日。

[9] 林治金：《中国小学语文教学史》，山东教育出版社 1996 年版。

[10] 吕叔湘：《吕叔湘语文论集》，商务印书馆 1983 年版。

[11] 宋云彬等编纂：《初级中学语文课本》，人民教育出版社 1950 年版。

[12] 苏新春：《〈义务教育常用词表（草案）〉研制的理论与方法》，《语言文字应用》2017 年第 3 期。

[13] 苏新春：《基础教育阶段小学语文教材汉字使用调查》，国家语言资源监测与研究中心编《中国语言生活状况报告（2009）》（下编），商务印书馆 2010 年版。

[14] 苏新春：《基础教育语文新课标教材用字用语调查》，《中国语言生活状况报告（2007）》，商务印书馆 2008 年版。

[15] 苏新春、杨书松、孙园园：《21 世纪新世纪基础教育语文教材语言研究》，广东教育出版社 2017 年版。

[16] 苏新春主编：《义务教育常用词表（草案）》，商务印书馆 2019 年版。

[17] 王宁主编：《〈通用规范汉字表〉解读》，商务印书馆 2013 年版。

[18] 温儒敏：《"部编本"语文教材的编写理念、特色与使用建议》，《课程·教材·教法》2016 年第 11 期。

[19] 叶圣陶：《叶圣陶语文教育论集》，教育科学出版社 1980 年版。

[20] 银晴：《〈义务教育常用词表（草案）〉出版座谈会大家谈》，《江西科技师范大学学报》2019 年第 3 期。

[21] 张志公著，孟宪范编：《再谈语文课的几个问题》，福建教育出版社 1985 年版。

The Position and Exploration of Chinese Knowledge of Chinese Teaching in Primary and Middle Schools

SU Xinchun

(National Language Resources Monitoring and Research Education Textbook Center of Xiamen University)

Abstract: In the current reform of Chinese language teaching, the task of "rebuilding language knowledge system" has been proposed. Chinese knowledge refers to the knowledge of the language and text that needs to be included in the teaching process in order to help improve the students' ability to speak and write in their mother tongue, including text, vocabulary, phonetics, grammar, rhetoric, logic, and writing. Chinese knowledge can be systematic and complete Chinese knowledge, and it can also be Chinese knowledge that exists in individual and scattered forms in a certain part of a textbook or teaching. To reconstruct the Chinese knowledge of the Chinese course, three key issues must be considered: first, the quantity, that is, the amount, depth, difficulty, breadth, and type of the Chinese knowledge. The second is quality, which includes the construction principle, mechanism and function of Chinese knowledge. The third is function, that is, the relationship between language knowledge and language ability development, and the effects that can be exerted. The following three principles should be mastered for the scientific construction of Chinese knowledge resources: to meet the positioning and needs of Chinese courses; to meet the learning rules and characteristics of primary and middle school students; and to use scientific methods to reasonably extract and compile.

Keywords: Chinese Teaching; Chinese Ability; Chinese Knowledge; Knowledge System

作者简介

苏新春，厦门大学国家语言资源监测与研究教育教材中心主任，厦门大学嘉庚学院人文与传播学院院长，两岸语言应用与叙事文化研究中心主任，博士生导师。主要研究方向：词汇理论与辞书语言、教材语言的计量研究。

语文教育与语言文字规范*

顾之川　浙江师范大学人文学院　人民教育出版社

[摘　要]　新中国成立70年来，党中央高度重视语文教育与语言规范问题，一批语文教育大家发挥了引领作用，语文教材一直重视语言文字规范问题，国家语言文字规范标准成为语文教育的重要内容。尤其是新课改以来，语文新课标、新教材、新高考都极为重视语言文字规范问题，反映了语文教育与语言文字规范的密切关系。对网络语言规范使用、语言文字规范的协同创新等，作者也提出了自己的看法。

[关键词]　语文教育；语言文字规范；新课改；网络语言

语文是基础教育的一门重要学科，语文教育的根本任务，就是培养学生正确理解和熟练运用祖国语言文字的能力，包括读写听说等各个方面。在学习语言的过程中，涵育情感，发展思维，提高审美情趣与鉴赏品位，传承中华优秀传统文化。新中国成立70年来，语言文字规范已成为语文教育的重要内容。尤其是新课改以来，新课标、新教材、新高考都非常重视语言文字规范问题，反映了语文教育与语言文字规范的密切关系。

一、语言规范是语文教育的重要内容

（一）"语文"二字的含义

"语文"作为课程名称始于1949年。在此之前，小学称"国语"，中学称"国文"。叶圣陶在《语文是一门怎样的功课——在小学语文教学研究会成立大会上的发言》（1980）中回忆说：

"语文"作为学校功课的名称，是一九四九年开始的。解放以前，这门功课在小学叫"国语"，在中学叫"国文"。为什么有这个区别？因为小学的课文全都是语体文，到了中学，语体文逐步减少，文言文逐步加多，直到把语体文彻底挤掉。可见小学"国语"的"语"是从"语体文"取来的，中学"国文"的"文"是从文言文取来的。

一九四九年改用"语文"这个名称，因为这门功课是学习运用语言的本领的。既然是学习运用语言的本领的，为什么不叫"语言"呢？口头说的是"语"，笔下写的是"文"，二者手段不同，其实是一回事。功课不叫"语言"而叫"语文"，表明口头语言和书面语言都要在这门功课里学习的意思。"语文"这个名称并不是把过去的"国语"和"国文"合并起来，也不是"语"指语言，"文"指文学（虽然教材里有不少文学作品）。

1950年6月，由中央人民政府出版总署编审局组织编辑出版的《初级中学语文课本》和《高级中学语文课本》，审订者为罗常培、魏建功、吕叔湘、王泗原

---

* 本文受到国家语委"十三五"科研规划2018年度重点项目"大中小学语文教材建设统筹规划研究"（项目编号：ZDI135-73）的资助。
　叶圣陶：《语文是一门怎样的功课——在小学语文教学研究会成立大会上的发言》，刘国正《叶圣陶教育文集：第3卷》，人民教育出版社1994年版，第217页。

等。其"编辑大意"中说：

说出来是语言，写出来是文章，文章依据语言，"语"和"文"是分不开的。语文教学应该包括听话、说话、阅读、写作四项。因此，这套课本不再用"国文"或"国语"的旧名称，改称"语文课本"。①

也就是说，"语文"二字最初的意思，就是语言文字，口头为"语"，书面为"文"。

（二）汉语拼音与识字教学

语文课从小学开始，就要教小学生识字写字。为了便于学生学习汉字，小学一年级还有汉语拼音课，一般都要先从学习《汉语拼音方案》开始。因为汉语拼音不仅是给汉字注音、拼写汉字、认识汉字的拐棍，也是学生学习语文的工具。现在人们查字典、用手机和电脑，都要用到汉语拼音。

学会汉语拼音以后，就让孩子学习汉字。新的小学语文统编教材是先认汉字，再学拼音。通过教孩子认字写字，让他们对汉语汉字有一个最基本的认识和了解，掌握最常用的汉字。按照教学大纲和课程标准的要求，义务教育阶段要认识3500个常用汉字。识字课就是要让孩子认准字形、读准字音、了解字义，能够正确地使用。当然识字教学是分步骤进行的，并不都是一步到位的，有些字是先认，再要求会写。

二、语言文字规范是语文教育的重要内容

（一）党中央高度重视语文教育与语言规范

新中国成立初期，党中央高度重视语文教育和语言文字规范问题。在党中央的领导下，扫除文盲、简化汉字、推行《汉语拼音方案》、推广普通话、正确使用祖国语言文字等作为当时的政治任务，自然是语文教育的重要内容，也有力地推动了语文教育教学发展。

1951年2月1日，中共中央发布《关于纠正电报、报告、指示、决定等文字缺点的指示》。6月6日，《人民日报》发表《正确地使用祖国的语言，为语言的纯洁和健康而斗争》的社论，并且开始连载吕叔湘、朱德熙合写的《语法修辞讲话》。9月，政务院发布《关于学习〈标点符号用法〉的指示》，《标点符号用法》的作者就是人民教育出版社社长兼总编辑叶圣陶。1953年5月，中共中央政治局会议讨论教育工作，毛泽东主持会议，要求教育部宁可把别的摊子缩小，也要多调人编写教材。② 中央成立以中宣部副部长兼政务院文化教育委员会秘书长胡乔木为主任的"语文教学问题委员会"，指导全国语文教育工作。③ 1958年全国人大批准《汉语拼音方案》，教育部发布《关于在中、小学和各级师范学校教学汉语拼音字母的通知》。1960年中共中央发出《关于推广注音识字的指示》，肯定山西省万荣县"注音识字"的经验。

（二）一批语文教育大家发挥了引领作用

在我国语文教育领域，有一批语文教育大家，同时又是语言学家，如叶圣陶、吕叔湘、魏建功、朱德熙、张志公等，他们振臂高呼，往往起到号召和引领作用。

1950年12月，人民教育出版社（以下简称"人教社"）成立，著名文学家、教育家叶圣陶担任社长兼总编辑。1951年出版的第一套全国通用中学语文教材，周祖谟、魏建功参加了编写，罗常培、魏建功、吕叔湘、王泗原为课本审读者。1953年，人教社出版了魏建功主编的《新华字典》，这也是新中国成立后出版的第一部语文工具书。1954年2月，中共中央政治局扩大会议批准了中央语文教学问题委员会《关于改进中小学语文教学的报告》，决定全国中学实行汉语、文学分科教学。一大批语言学家如魏建功、王泗原、张中行、张传宗、张志公等相继集中到人教社，

---

① 中央人民政府出版总署编审局：《初级中学语文课本·第1册》，人民教育出版社1950年版，第1页。
② 课程教材研究所：《新中国中小学教材建设史1949—2000研究丛书·中学语文卷》，人民教育出版社2010年版，第2页。
③ 《胡乔木传》编写组：《胡乔木谈语言文字（修订本）》，人民出版社2015年版，第64页。

或全职或兼职工作，吕叔湘任副总编辑。教育部颁布人教社拟订的《初级中学汉语教学大纲（草案）》《暂拟汉语教学语法系统》《改进小学语文教学的初步意见》，并出版初中汉语教材。《初级中学汉语教学大纲（草案）》对初中汉语教学的要求是：

> 教给学生有关汉语的基本的科学知识，提高学生理解汉语和运用汉语的能力，是初级中学汉语教学的重要任务。初级中学毕业的学生应该明了现代汉语普通话的基本规律，掌握足够的词汇，学会标准的发音，养成正确地写字和正确地使用标点符号的技能、技巧和良好的习惯，具备熟练的阅读能力和正确地表达自己的思想的能力。

1956年1月，人教社主持制定的《暂拟汉语教学语法系统》发布。5月，张志公主编《语法和语法教学》出版，黎锦熙、王力、吕叔湘等21位语言学家对《暂拟汉语教学语法系统》分专题做了阐述。胡乔木发表《语文教学同文字改革》（1955），叶圣陶发表《关于语言文学分科的问题》（1955），张中行发表《咱们要积极参加汉语规范化工作》（1955），张志公发表《编辑工作和汉语规范化工作》（1956），吕叔湘发表《关于语文教学的两点基本认识》（1963）。

粉碎"四人帮"后，拨乱反正、改革开放成为时代主旋律。语文界重新确立语文工具论的指导地位，培养正确理解和熟练运用祖国语言文字能力成为语文教育的基本任务。吕叔湘主持召开"北京地区语言学科规划座谈会""北京地区语文教学座谈会"，① 并在《人民日报》发表《当前语文教学中两个迫切问题》。叶圣陶的《大力研究语文教学，尽快改进语文教学》、章熊的《我对"语文教学科学化"的几点想法》发表于《中国语文》。朱德熙主持制定《一九七八年全国高等学校招生考试复习大纲 语文》，成为后来高考语文《考试大纲》的基础，并在《光明日报》发表《高考语文试题和中学语文教学》。1979年，全国中学语文教学研究会成立，吕叔湘当选为第一任会长。1981年7月，全国语法和语法教学讨论会在哈尔滨召开、王力、吕叔湘等参加，会议讨论通过张志公主持制订的《中学教学语法系统提要》。王力、吕叔湘、朱德熙、冯钟芸、袁行霈、陆俭明、温儒敏、苏培成、曹文轩等先生应邀先后担任人教社语文教材顾问、主编或审查委员。

（三）语文教材的语言文字规范

语文教材关于语言文字规范的内容，包括字形规范、字音规范、标点符号规范、词语使用规范、语法规范等，依据标准是国家关于语言文字的相关文件。如《中华人民共和国国家通用语言文字法》《汉语拼音方案》《普通话异读词审音表》《汉字简化方案》《简化字总表》《通用规范汉字表》《标点符号用法》等，一般是把这些关于语言文字规范的文件作为附录编入，目的在于引导学生从小就树立祖国语言文字规范意识。

至于词语、语法的规范，主要是通过学习文质兼美的课文来体现，培养学生的语感。比如，小学语文教材有鲁迅的《少年闰土》《好的故事》，叶圣陶的《小小的船》《牛郎织女》，金波的《沙滩上的童话》等，初中语文教材有鲁迅的《阿长与山海经》、朱自清的《背影》、杨振宁的《邓稼先》、萧红的《回忆鲁迅先生》、彭荆风的《驿路梨花》、刘慈欣的《带上她的眼睛》、阿来的《一滴水经过丽江》等。高中语文教材有毛泽东的《反对党八股》、鲁迅的《拿来主义》、郁达夫的《故都的秋》、朱自清的《荷塘月色》、史铁生的《我与地坛》、梁思成的《中国建筑的特征》、林庚的《说"木叶"》等。语文教材的选文不同于一般选本，除要求文章具有典范性、时代性、导向性、适合教学外，还有一个重要标准，那就是必须符合语言文字规范。涉及具体语言问题，如果大家认识不一致时，往往还要参照权威工具书，比如《现代汉语词典》《现代汉语规范词典》《古汉语常用字字典》等。有时还要请语言学、文学、教育心理学有关

---

① 《中国语文》编辑部：《语文教学问题》，中国社会科学出版社1979年版。

专家进行论证。总之，我们对语文教材的课文有一个基本认识，就是必须符合国家关于语言文字规范的标准。

三、语文新课程与语言规范

从 2000 年秋季开始，我国基础教育领域实施课程改革，也是新中国成立以来第八次课程改革。语文新课标、新教材、新高考都非常重视语言文字规范。

1. 新课标

《义务教育语文课程标准（2011 年版）》明确指出："语文课程是一门学习语言文字运用的综合性、实践性课程。义务教育阶段的语文课程，应使学生初步学会运用祖国语言文字进行交流沟通，吸收古今中外优秀文化，提高思想文化修养，促进自身精神成长。工具性与人文性的统一，是语文课程的基本特点。""语文课程是学生学习运用祖国语言文字的课程，学习资源和实践机会无处不在，无时不有。因而，应该让学生多读多写，日积月累，在大量的语文实践中体会、把握运用语文的规律。""培育热爱祖国语言文字的情感，增强学习语文的自信心，养成良好的语文学习习惯，初步掌握学习语文的基本方法。"

《普通高中语文课程标准（2017 年版）》提出语文学科核心素养的概念，包括"语言建构与运用""思维发展与提升""审美鉴赏与创造""文化传承与理解"。指出："语言建构与运用是指学生在丰富的语言实践中，通过主动的积累、梳理和整合，逐步掌握祖国语言文字特点及其运用规律，形成个体言语经验，发展在具体语言情境中正确有效地运用祖国语言文字进行交流沟通的能力。"在"课程目标"中提出："积累较为丰富的语言教材和言语活动经验，形成良好的语感；在已经积累的语言材料间建立起有机的联系，在探究中理解、掌握祖国语言文字运用的基本规律。"在 18 个学习任务群中，涉及语言文字的任务群有"语言积累、梳理与探究"（高一高二）、"汉字汉语专题研讨"等。在"选择性必修和选修课程学习要求"中特别强调："了解语言文字法规的有关内容，增强规范意识，学会辨析和纠正错误，提高语言文字运用的正确性和有效性。"

2. 新教材

为了落实新课标的精神，语文统编教材特别注重语言文字规范。小学教材有一个栏目叫"语文园地"，"语文园地"有很多语言运用方面的内容，比如"识字加油站""字词句运用""词句段运用""书写提示"等。初中语文教材有"我的语文生活"，让学生把语文学习和社会生活联系起来，到街上调查商店招牌、广告牌，从电视、图书、报刊、网络上寻找语言运用不规范的例子，找出存在的问题。通过这样一些活动设计，给孩子提供语言运用的具体情境，让他们通过练习，掌握语言应用的基本规则，树立语言规范意识。高中教材设有"词语积累与词语解释""信息时代的语文生活""逻辑的力量"等单元。

3. 新高考

高考语文全国卷一直设有"语言文字运用"板块，要求"正确、熟练、有效地使用语言文字"，共 20 分。具体考查项目有：识记现代汉语普通话常用字的字音，识记并正确书写现代常用规范汉字，正确使用词语（包括熟语），辨析并修改病句，选用、仿用、变换句式，扩展语句，压缩语段，正确使用常见的修辞手法，语言表达简明、连贯、得体，准确、鲜明、生动，正确使用标点符号等。在"作文评分标准"里有一条规定："每一个错别字扣 1 分，重复的不计。" 2019 年全国卷考了选用词语、衔接、修改病句、标点符号、补写语句、压缩文字等。

四、余论

（1）在中小学各学科中，语文与社会现实生活的联系最紧密。中小学生正处于好奇心强、求知欲旺盛的时期，他们对网络新词新语最为敏感。"00 后"作为互联网原住民，深受网络语言影响。语文教育应密切关注语言的发展变化，其中就包括网络语言和新词新语。语文教材中有"关注当代新词语",其中有些新词就是从网络词语演变来的、已经被汉语吸收过来的。语文教材要关注这些变化,引导学生正确分辨和使用规范语言和网络新词语。

(2)语文教材虽然关注网络语言的运用,但还是应以典范性为主。因为网络语言的规范性还有待增强。应当引导学生得体地表达,明白口语表达和书面表达是不一样的,读者对象不同,书面表达也有差异。当然,学生将网络语言用于个人生活、交友联络的时候,使用网络语言应该是他们的自由,也是他们语文生活活跃的表现,老师家长等成年人不应该限制他们。

(3)语言文字规范需要统筹规划,协同创新。要加强语言文字规范,需要统筹规划,协同创新,更需要全社会共同努力。比如,网上有一些地方悬挂的标语中出现歧义,甚至表达了完全相反的意思,这就违背了悬挂标语的初衷,达不到预期的效果。再如,现在乱用繁体字的现象比较突出。繁体字和简体字不是一一对应的关系,有些是多对一的关系,一些理发店把"理发"的"发"写成"发生"的"发",一些景点把"皇后"的"后"和"先后"的"后"混淆,这就闹笑话了。网传某著名高校出现"热列欢迎新同学"的标语,某校长读错"鸿鹄之志"字音,等等,更说明语言文字规范工作任重道远。

当前,语文课在立德树人中的重要地位日渐受到重视,语文教育迎来新时代。新时代的语文教育,应着眼于培养学生的语文学科素养和关键能力,引导他们多读书,多观察,多思考,勤练笔,让广大中小学生通过阅读、写作、演讲等语文实践,掌握祖国语言文字这一交际工具,提高语文运用能力,增强语言规范意识,在学习语文的过程中,开阔视野,丰富心灵,坚定理想信念,厚植家国情怀,增长知识见识,培养奋斗精神,增强综合素质,成为德智体美劳全面发展的社会主义建设者和接班人。

Chinese Language Education and Language Standards

GU Zhichuan

(College of Humanities, Zhejiang Normal University/ People's Education Press)

Abstract: Over the past 70 years since the founding of the People's Republic of China, the CPC Central Committee has attached great importance to the issue of Chinese language education and language standards. A group of language education scholars has played a leading role. Chinese textbooks have always attached importance to language standards. Especially since the new curriculum reform, new Chinese curriculum standards, new textbooks, and the new college entrance examination have attached great importance to the issue of language standards, reflecting the close relationship between Chinese language education and language standards. The author also puts forward his own opinions on the use of network language specifications and the collaborative innovation of language specifications.

Keywords: Chinese Language Education; Language Standards; New Curriculum Reform; Network Language

作者简介

顾之川,浙江师范大学教授,人民教育出版社编审,中国教育学会中学语文教学专业委员会原理事长。主要研究方向:语文教育。

使用权威辞书　提升语言能力

储泽祥　中国社会科学院语言研究所/辞书编纂研究中心　中国社会科学院大学语言学系

[摘　要] 本文认为语文教育领域的语言内容是语言生活的一个方面，必须树立正确的语言生活观，高度重视国家通用语言文字的主导性，对语言背后的意识形态问题保持高度的敏感性。根据现实情况，我们建议语文教育领域要重视《新华字典》和《现代汉语词典》等权威辞书的使用，加强汉语语法和用法的教学内容。本文还提出倡议：站在国家通用语文字的立场上，以国家通用语为基础和出发点，认真研究语文教育领域的语际关系问题。

[关键词] 语文教育；语言规划；权威辞书；语法知识；用法

一、语文教育领域要树立正确的语言生活观

语文教育领域的语言内容，是语言生活的一个方面，需要关注，更需要认真规划。

语文教育领域的语言规划必须以国家通用语言文字为主体，以提高学生个人的语言能力为短期目标，以提升国家的语言能力为长远目标。

国家通用语言文字是语文教材和语文学习的基石。《中华人民共和国国家通用语言文字法》第二条指出："本法所称的国家通用语言文字是普通话和规范汉字。"第三条规定："国家推广普通话，推行规范汉字。"第十条规定："学校及其他教育机构以普通话和规范汉字为基本的教育教学用语用字。法律另有规定的除外。学校及其他教育机构通过汉语文课程教授普通话和规范汉字。使用的汉语文教材，应当符合国家通用语言文字的规范和标准。"

中国的语言和方言十分丰富，呈现出多样性，这是中华民族的宝贵财富。但在关注多样性的同时，要高度重视国家通用语言文字的主导性，对语言背后的意识形态问题保持高度的敏感性。站在国家通用语文字的立场上，以国家通用语为基础和出发点，认真研究语文教育领域的语际关系问题，主要研究国家通用语与民族语言、普通话与汉语方言、汉语与外语、自然语言与网络语言在语文教材里、语文课堂上的语际关系，以及方言、民族语言、外语、网络语言在语文教材和语文课堂里的输入限度问题。语文教育领域，特别是教材和课堂教学，要处理好国家通用语的语际关系问题，坚持正确的语言立场，防止分离主义、宗教极端思想、分裂思想的袭扰，妥善处理一系列语言矛盾和语言冲突，为国家发展战略服务。

二、语文教育和权威辞书是维护国家通用语言文字的两个支撑点

维护国家通用语言文字，最主要的措施是做好规划和规范工作。李宇明（2004）认为，语言文字的规范体系，有成文规范和不成文规范两种基本形式。不成文规范是成文规范的基础，成文规范是不成文规范的升华。成文规范分为规范文件和语文辞书、语文教科书等。语文辞书是规范体系的重要成员，应当模范

执行规范文件，同时又要充分发挥自身功能，检视规范文件之不足；不仅要注意辞书的规范化，更要研究信息时代的辞书现代化。语文教材和权威辞书是维护国家通用语言文字的两个支撑点。

笔者对汉民族共同语在两岸的现状差异进行过比较研究，大陆地区的语言文字规范工作成效卓著。李宇明（2014，2015）认为，官方主导的“现代语言维护系统”是民族共同语、国家通用语的关键保障。大陆地区的“现代语言维护系统”有五个方面的支撑：

第一，建立法律、法规、规章、规范标准体系，如《国家通用语言文字法》；

第二，以普通话为学校教学语言，开展普通话水平测试工作；

第三，编纂权威的辞书，规范汉语语音、词汇和汉字；

第四，形成电台、电视台、电影乃至现代报刊书籍等出版物的普通话示范体系；

第五，成立了各级语言生活的管理机构，以及与语言文字规划相关的学术团体、学术刊物和推广、咨询服务机构。

教师和媒体是规范的重要力量。教师对学生的语言要求是非常重要的。台湾地区由于规范不足，教师无据可依，“国语”放开闸门，大量非“国语”说法涌了进来。尤其是在20世纪80年代以后，台湾地区的词汇语法规范工作大大放松，闽南话说法进入“国语”的现象越来越多。1980年以前，“我有看过那个电影”“我有在写功课”在“国语”里是不能说的，那时在台湾中学作文里有这样的句子会被老师扣分的，但现在老师已经不能，也不敢扣分了。台湾电视综艺、娱乐、时尚、新闻评论，歌曲以及影视剧，不少都是用闽南话，或是常常穿插闽南话，这会凸显闽南话的地位，对“国语”形成更大的冲击。

令人担忧的是，两岸辞书市场都是鱼龙混杂。其中一个原因就是辞书标准缺乏，门槛太低。因此，在语文教育领域，权威辞书需要推荐使用。

三、语文教材需适当设置语文辞书使用内容

中小学生使用权威辞书的现状，我们没能作出有效的数据统计，但作过不少访谈式调查。小学比较普遍地使用商务印书馆出版的《新华字典》，因为小学语文教学有个内容是“怎样查字典”。中学阶段，按理应该广泛使用商务印书馆出版的《现代汉语词典》，但现状令人堪忧，远远不及小学生使用《新华字典》的规模。《现代汉语词典》编写初衷包括三个方面：

适应目前语文教学、推广普通话和汉语规范化的迫切需要。

《语言研究所词典编辑室扩建计划书》（1957）第三条清楚地表明了编写《现代汉语词典》的目的（见图1）

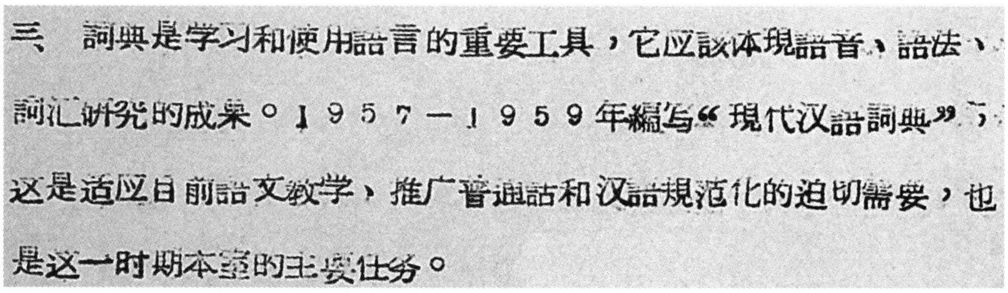
三　詞典是学习和使用語言的重要工具，它应該体現語音、語法、詞汇研究的成果。1957—1959年編写“現代汉語詞典”，这是适应目前語文教学，推广普通話和汉語規范化的迫切需要，也是这一时期本室的主要任务。

图1

《现代汉语词典》正式出版时（1978年第1版），把编写目的表述为“……使这部词典在推广普通话、促进汉语规范化方面，在汉语教学方面，能起到应有的作用”。

《现代汉语词典》是中考、高考语文命题的标准性工具书，中学语文教材和语文教学应适当安排权威

辞书使用内容，加强学生使用权威辞书的意识，提高对辞书作用的认识。中国辞书学会李宇明会长（2019）指出："辞书最重要的意义，实质上，是在给我们的国人描写世界。""辞书还在构建我们民族，我们国家的集体记忆。"

《现代汉语词典》贯彻执行国家语言文字法律法规，如以规范汉字出条，实行拼音正词法，规范汉语词汇，精准释义，精当配例，还有简洁的用法说明，对提高学生普通话水平、使用规范汉语、增强语言能力大有益处。例如用括注来说明用法：

【罢休】bàxiū 动 停止做某件事情（多用于否定式）：不找到新油田，决不~ | 不达目的，怎肯~？

【百倍】bǎibèi 数量词。形容数量多或程度深（多用于抽象事物）：~努力 | 精神~。

【嗜好】shìhào 名 特殊的爱好（多指不良的）：他没有别的~，就喜欢喝点儿酒。

【淘汰】táotài 动 在选择中去除（不好的、弱的或不适合的）：~旧产品 | 他在第二轮比赛中被~。

"淘汰"的释义里，除了搭配对象"（不好的、弱的或不适合的）"，还有"在选择中"的条件限制，像"球踩破了，丢了吧"，就不是选择，不能说成"球踩破了，淘汰了吧"。

这些语言知识在语文教材里是难以全面系统地体现出来的，必须借助权威的语文工具书。

商务印书馆即将出版的《现代汉语大词典》（江蓝生先生主持），保持了《现代汉语词典》的优势，还增加了许多新的内容，如同义词、近义词辨析，弥补了单个词语释义的局限和不足，为学生充分理解词语的意义和用法提供了更大的帮助。比如：

"因为"和"由于"都是介词兼连词，都能表示原因，常可互换，如：因为/由于一直下雨，来图书馆的人比平时少。差别如下：（1）二者都能与"所以"前后配合。"由于"还可和"因此、因而"前后配合，如：由于（*因为）种种原因，因而未能成行。（2）二者用作连词时，所在分句的后置情况不一样。"因为"句可以位于结果句后，如：他非常高兴，因为找到了工作 | 我哭了，因为我以为她抢救不回来了。"由于"句不能放在结果句后边。（3）"由于"句重在分析原由，强调理据；"因为"句重在说明原因，讲述事实。"由于"一般都可以换成"因为"，如：由于/因为每个月都开会，年终的大会也就可以开得简便一些。但"因为"不一定都能换成"由于"。如果"因为"引出的原因是结果的理据，就可以换成"由于"，如：因为/由于鼻子不通，可惜了满院子的桂花香。如果"因为"引出的原因不能成为结果的理据，就不能换成"由于"，如：因为（*由于）老李心情不错，他决定去医院看看老王。例中，心情不错并不是探望病人的理据。（4）"由于"书面色彩比"因为"要浓一些。如：因为这家伙在里边使坏，所以情况一定很糟糕 | 因为我们是一家人，所以要有福同享，有难同当。例中的"因为"句比较口语化，不好换成"由于"。

能准确地理解和使用词语，尤其是虚词，是语言能力强的一个体现。

四、语文教育应加强汉语语法和用法的教学内容

20世纪末，语文教育领域刮起"淡化语法"之风，语法知识学习的必要性和重要性受到质疑，这引起汉语语法研究者的反思：语法研究必须面向语文教学（陆俭明、郭锐，1998）。必须把语法和用法结合起来，让学生感到语法知识有用才行。请看下面的例子：

量词重叠式可以表示周遍义，当量词关涉的名词出现时，有两种可能的语序安排：

第一种语序：姑娘个个都非常美丽。衣服件件都非常漂亮。

第二种语序：个个姑娘都非常美丽。件件衣服都非常漂亮。

第一种语序是量词重叠式作主谓谓语句的小主

语，第二种语序是量词重叠式作名词的定语。但实际语料中，量词重叠式充当定语的很少（张旺熹，2006）。郭晓麟（2010）统计了443例含"个个"的句子，"个个"充当定语的只有5例，有415例是"个个"做主谓谓语句的小主语。研究结果表明，第一种语序是地道的通常说法。

语法正确的句子，用法不一定妥当，用法受到文化、认知等因素的限制。请看下面的语文考试题：

[例] 要求：把以下四句话用关联词语连接成一句话：

1. 李姐姐瘫痪了。2. 李姐姐顽强地学习。3. 李姐姐学会了多门外语。4. 李姐姐学会了针灸。

合适的答案应该是："李姐姐虽然瘫痪了，但顽强地学习，不仅学会了多门外语，而且学会了针灸。"但学生答题的情况五花八门。例如：

a. 虽然李姐姐顽强地学会了针灸和多门外语，可她还是瘫痪了。

b. 李姐姐不但学会了外语，还会了针灸，她那么顽强地学习，终于瘫痪了。

c. 李姐姐之所以瘫痪了，是因为顽强地学习，非但学会了多门外语，甚至学会了针灸。

d. 李姐姐通过顽强的学习，学会了多门外语和针灸，结果照着一本外文版针灸书把自己扎瘫痪了。

这些答题有不少问题，如任意增减内容，语法上也有问题，对关联词语不完全理解，如a答案把两个小句合并起来，用"和"连接在一起，说成"学会了针灸和多门外语"，"和"只能连接词语，不能连接分句，不是关联词语。但最突出的问题是事理关系的认识，"瘫痪"不是结果，而是条件。

有些词语意思不难懂，但感情色彩上有明显的倾向。如修饰"洪水"，用"百年难遇"、"百年一遇"还是"百年不遇"？我们利用CCL语料库，做了一个简单的统计。

"百年难遇""百年一遇""百年不遇"的感情色彩倾向数据统计如表1所示。

表1

词目 感情色彩	百年难遇		百年一遇		百年不遇	
	数量（个）	百分比（%）	数量（个）	百分比（%）	数量（个）	百分比（%）
积极	8	72.73	31	21.83	33	14.67
消极	3	27.27	69	48.59	191	84.89
中性	0	0.00	42	29.58	1	0.44
合计	11		142		225	

说明：积极：机遇、重大活动或节日、天文景观等。

消极：自然灾害（水灾、火灾、旱灾、地震、台风等）。

中性：作为衡量灾难或防灾工程强度的标准之一，一般与"20年、50年、千年一遇等"同现。

从统计数据中不难看出，洪水是自然灾害，是人们不希望发生的事情，因此，通常说"百年不遇的洪水"，或"百年一遇的洪水"，不宜说"百年难遇的洪水"。

五、结语

语文教育领域要树立正确的语言生活观，高度重视国家通用语言文字的主导性，对语言背后的意识形态问题保持高度的敏感性。语文教育领域的语言规划必须以国家通用语言文字为主体，以提高学生个人的语言能力为短期目标，以提升国家的语言能力为长远目标。为实现目标，必须重视使用权威的语文辞书，加强汉语语法和用法的教学内容。

参考文献

[1] 郭晓麟：《对外汉语教材语法教学示例的基本原则——以趋向

结构为例》,《语言教学与研究》2010 年第 5 期。

[2] 李宇明:《辞书与语言文字规范》,《辞书研究》2004 年第 4 期。

[3] 李宇明:《汉语的层级变化》,《中国语文》2014 年第 6 期。

[4] 李宇明:《中国语言规划三论》,商务印书馆 2015 年版。

[5] 李宇明:《新时代辞书人的使命与担当——在"新时期辞书学与辞书发展研讨会"上的总结发言》,广东外语外贸大学,2019 年 1 月 17 日。

[6] 陆俭明、郭锐:《汉语语法研究所面临的挑战》,《世界汉语教学》1998 年第 4 期。

[7] 张旺熹:《汉语句法的认知结构研究》,北京大学出版社 2006 年版。

Use Authoritative Dictionaries for the Enhancement of Language Competence

CHU Zexiang

(Institute of Linguistics, Chinese Academy of Social Sciences)

Abstract: This paper holds that the language content in the field of the Chinese language and script education is one aspect of our linguistic life, and we must establish a correct viewpoint on life in this regard, attach great importance to the dominance of the spoken and written language commonly used in our country, and maintain a high sensitivity to the ideological issues behind the language. According to the actual situation, we suggest that the field of the Chinese language and script education should pay much attention to the use of authoritative dictionaries such as *Xinhua Dictionary* and *Modern Chinese Dictionary*, and strengthen the teaching content of Chinese grammar and idiomatic usage. This paper also proposes that the scholars concerned should take the commonly used spoken and written language of our nation as the foothold and starting point and conduct an earnest study on the inter-lingual relationship in the field of the Chinese language and script education.

Keywords: the Chinese Language and Script Education; Language Planning; Authoritative Dictionaries; Grammar Knowledge; Idiomatic Usag

作者简介

储泽祥,中国社会科学院语言研究所研究员,中国社会科学院语言学系博士生导师,中国社会科学院辞书编纂研究中心副主任。主要研究方向:汉语语法、词汇语义、语言应用。

"语言建构与运用"应强化规范意识*

杨书松 福建省厦门第六中学

[摘　要]　语言文字运用在中学语文教学中长期以来处在弱化的地位，社会生活中语言运用不规范现象比较突出。"语言建构与运用"是语文学科核心素养的基础，也是语文学科的关键能力。通过对语言失范现象的分析，从教材的编写、教师的教学和学生的运用三个方面强化语言文字的规范，具有非常重要的现实意义。语文教学中，应该发挥中考、高考"指挥棒"的正面"指挥"作用，加强语言运用规范的考查，有针对性地提高学生的语文素养。

[关键词]　语言建构与运用；语言文字规范；语文素养提升

《普通高中语文课程标准（2017年版）》指出："语文课程是一门学习祖国语言文字运用的综合性、实践性课程。"①该课标中，"语言建构与运用"被列为语文核心素养的第一项。长期以来，语言文字运用在中学语文教学中处在弱化的地位，社会生活中，语言失范现象比较突出。中学语文教学中，规范语言的建构与运用，提高对祖国语言文字运用的能力，是语文课程赋予学习者的一项重要人格和品质，这是语文课程专有的立德树人功能。②

一、语言文字运用的现状不容忽视

2000年10月31日，《中华人民共和国国家通用语言文字法》正式发布，第一次以法律的形式明确了普通话和规范汉字作为国家通用语言文字的地位，对国家通用语言文字的使用作出了规定，它体现了国家的语言文字方针和政策，也成为基础教育乃至全体公民语言文字运用的基本规范。

二十年来，虽然语文教育工作者在规范语言文字运用上作出了不懈的努力，但是，社会生活中，语言文字运用仍然比较混乱，加之不规范的网络语言泛滥，导致交际语言失范现象比较突出，主要表现为读音不规范、书写不规范、应用不规范、滥用英文缩写、生造词语、语法失范等，这对模仿能力较强的学生造成了严重的影响。

（一）读音不规范

2018年10月，重庆万州发生公交车坠江重大交通事故，经调查发现，该事故是乘客与司机发生口角与肢体冲突所致。某些媒体播报新闻时，将"口角（jué）"的"角"读为jiǎo。③

2017年2月，央视开播的《朗读者》节目中，濮存昕和董卿强调老舍的"舍"应该读作shè，在观众中产生很大的影响。其实，老舍的"舍"正确的读法是shě。根据亲友回忆，老舍生前自己也读shě。

2017年，热播电视剧《那年花开月正圆》中有句台词"人生不相见，动如参与商"，剧中人将"参"读成了cān，引发争议。"参""商"指的是二十八宿

---

* 基金项目：本文系福建省中小学名师工作室第二批专项课题"在高中语文教学中培育学生言语素养的实践探索"（课题编号：GZS191019）成果之一。

之一，二星此出彼没，不会同时在天空中出现。"参"正确的读法是 shēn。

2016年11月18日，神舟十一号飞船在完成一系列载人飞行任务后，顺利返航着陆。一些广播电视媒体的播音员把"载人飞行"的"载（zài）"读作了 zǎi。

2011年6月，中国矿业大学发生学生"铊中毒"事件，"铊"由一个冷僻字进入了公众视野。"铊"是一个多音字，表示一种元素名称时，应读 tā。

2018年5月，北京大学120周年校庆，时任校长在演讲中鼓励学生"立鸿鹄志"，"鹄（hú）"读成了 hào，从而引发一场风波。

（二）书写不规范

2018年10月，沙特记者卡舒吉在沙特驻土耳其伊斯坦布尔领事馆遇害，引起国际社会高度关注。在介绍该事件的背景时，有媒体称卡舒吉家世在中东赫赫有名，并非"籍籍无名"之辈。"籍籍无名"应是"寂寂无名"。汉语中"籍籍"一词，常形容声名盛大；"籍籍无名"在逻辑上是说不通的。

2018年11月，中国国际进口博览会在上海成功举办，有媒体称外国企业"亲睐"中国营商环境。"亲睐"应为"青睐"，典出三国时期的名士阮籍。阮籍常用"青白眼"看人，对喜欢的人平视露出黑眼珠，对不喜欢的人则以白眼相向。"青"指黑眼珠，"睐"有看的意思。

从2018年5月开始，崔永元不断利用微博揭露演艺圈"阴阳合同"等"潜规则"，引起有关部门的注意和调查。某些网络媒体称崔永元"捅篓子"了，演艺圈黑幕一旦揭开，将掀起"滔天巨浪"。"捅篓子"应是"捅娄子"。

2017年11月，上海"携程亲子园虐童"事件引爆媒体，社会为之震惊。有媒体在报道中提到有关涉事单位时称为"非盈利组织"。正确表述应是"非营利组织"。

2016年11月26日，冯小刚以电影《我不是潘金莲》获"金马奖"的最佳导演奖。很多媒体报道："冯小刚凭藉《我不是潘金莲》夺大奖……""凭藉"的规范写法是"凭借"。

2015年是中国人民抗日战争暨世界反法西斯战争胜利70周年，在回忆抗战历史、控诉日本军国主义暴行的报道中，"罄竹难书"常被误写成"磬竹难书"。

十八大以来，反腐倡廉深入开展，"严惩不贷"成为媒体的高频用词，但常被误成"严惩不怠"。网络上还有"严惩不殆""严惩不待"等多种错误写法。

2011年5月，故宫送给北京市公安局的一面锦旗上，把赞美词"捍祖国强盛"错写成了"撼祖国强盛"，舆论哗然。

2008年高考，不少考生写汶川大地震时，用到"震撼"一词，但往往误为"震憾"。

（三）应用不规范

2011年开始正式实施的《出版物上数字用法》规定：一个数字用作计量时，其中"0"的汉字书写形式为"零"；用作编号时，"0"的汉字书写形式为"〇"。许多人在涉及编号的场合，错误地以"零"代"〇"。比如，"二〇一八年"常被误作"二零一八年"。

2014年下半年，国际油价"跌跌不休"，媒体报道"国际油价跌至每桶70几美元"。"几"是数词，表示二至九的不定的数目。《出版物上数字用法》明确规定：含"几"的概数，应采用汉字数字。"70几"应写成"七十几"。

摄氏度是温标的一种，由瑞士天文学家摄尔修斯制定。这是一个法定计量单位，不能随意拆开。常见的错误是，把"摄氏度"分开来说成"摄氏"多少"度"，如"摄氏15度""摄氏20度"。准确的说法应是"15摄氏度""20摄氏度"。

2010年上海世博会成功举办，园区中各国展馆千姿百态，"美轮美奂"便成了媒体描写这些展馆的常用词语，但常常错写成"美仑美奂"或"美伦美奂"。同样是上海世博会的报道，"截止下午 5 点，入园参观人数已超过 30 万。"其中"截止"应为"截至"。

体育比赛报道中常有这样的句子："中国军团在 2010 年广州亚运会囊括金牌 199 枚，位居金牌榜首位。""宁波选手广州亚运囊括 10 金。"其中的"囊括"明显用词不当。"囊括"的意思是无一遗漏，只要不是将所有的金牌都收入囊中，就不能用"囊括"。

打开报纸，特别是报道明星八卦新闻的娱乐版，一说到毫无根据的事件，"空穴来风"便随之出现了。如："虽然王祖贤没有承认与齐秦恋情出现裂痕，但不少人认为这一说法绝非空穴来风。"演绎至今，"空穴来风"到底是说消息有根据还是无根据，莫衷一是。

二、"语言建构与运用"应强化规范意识

《普通高中语文课程标准（2017 年版）》指出，语文核心素养中，"语言建构与运用"是带动其他三项核心素养"思维发展与提升、审美鉴赏与创造、文化传承与理解"的第一要义。而"语言建构与运用"中，建构是运用的前提，运用是建构的重要途径，二者相辅相成。

为了提高语言的建构能力，语文课程应当引导学生在真实的语言运用情境中，通过自主的语言实践活动，积累言语经验，把握祖国语言文字的特点和运用规律，加深对祖国语言文字的理解与热爱，培养运用祖国语言文字的能力。

（一）教材语言规范要到位

语言文字规范与中小学语文教学密切相关。学生主要是通过语文教科书来学习汉语汉字，在接受语言材料所表达的思想、知识、情感的同时，也在一步步熟悉、掌握汉语言文字组词造句的规则和习惯，提高母语的运用能力。这就要求语文教科书必须正确与规范，具有良好的示范作用和潜移默化的教育功能，成为语言表达和语言应用的典范。

2013 年 11 月 19 日，《郑州晚报》报道[④]，河南郑州语文老师彭帮怀在阅读 2013 年秋季上市的人教版初中七年级上册语文课本后，竟然发现书中出现了 30 多处错误。彭老师因此将人民教育出版社和书店告到法院。人民教育出版社 2013 年 11 月 29 日在其网站发出《关于人教版语文教材的致歉信》，承认人教版新版七年级上册语文教材至少存在 6 处错误：

1. P20"读一读写一写"中，"沭浴"应为"沐浴"。

2. P33"读一读写一写"中，"权威"应为"劝慰"。

3. P53 第三行"……传不习乎?，缺后引号，应加上。

4. P117《化石吟》一诗，第 4 行和第 5 行之间应该空行。

5.《后记》倒数第六行"义务教育语文课程标准（2011 年）版"，缺后书名号，应加上。

6. 该册教材彩色本（2013 年 3 月第 2 版）除上述更正外，另有：P105 注释第 3 行，"佳，好、美"应为"嘉，好、美"。

现行人教版高中语文教材中，语言表达不规范或不严谨处也不鲜见。仅以必修一语文课本为例：

1. P1 第一单元说明：新诗继承古典诗词的优良传统，但为了追求适合现代生活的表现形式，<u>诗人更多的是目光外向，不断接受外来影响并努力融化在民族风格中</u>。——句中画线部分主语不明。

2. P20《荆轲刺秦王》"研讨与练习"二：背诵易水诀别一段，并说说这段描写烘托了怎样的气氛，其中的音乐描写有什么作用。——题中"易水诀别"是课文的一个情节，应该加引号，改为：背诵"易水诀别"一段。

3. P38 第四单元说明：我们生活在一个急剧变化的时代，每天都会接触到大量的信息，其中最主要的渠道就是各种媒体的新闻报道。——句中"其中"指

代不明。

4. P50《包身工》"研讨与练习"一:《包身工》作于1935年,至今已经60多年了,今天我们读这篇文章,仍然能感到深深的震撼。<u>你认为文章为何具有如此的震撼力,说说你的看法。</u>——画线句子中"你认为"和"说说你的看法"语意重复。

5. P73梳理探究"优美的汉字":汉字作为中华文明起源的重要标志,书写了中华文明的灿烂画卷,承载了华夏文化的历史长河。——"书写了中华文明的灿烂画卷""承载了华夏文化的历史长河"动宾搭配不当。

中学语文教材是教师和学生在语文教学活动中所使用的主要材料。在语文教学中,教材具有示范、发展和教育功能,是学生学习语言文字、形成语文素养、具有语文能力的一个教学载体。中学语文教材的语言文字表达不规范,将直接严重影响到中学生对规范语言文字的学习和掌握。

(二) 教师语言规范要更新

语言文字规范化程度标志着国家精神文明的程度。全国人大、国务院、国家教育和语言文字事业主管部门、国家标准化事业主管部门、国家新闻出版事业主管部门发布了《汉语拼音方案》《标点符号用法》《汉语拼音正词法基本规则》《普通话异读词审音表》《第一批异形词整理表》《出版物上数字用法》《通用规范汉字表》等多项与大众语言生活息息相关的语言文字规范标准,教育部语言文字信息管理司也组织编写了适合于一般语言文字学习者和使用者阅读的多种规范标准的解读本。这些语言文字规范标准在社会用字用语、语文教学、出版印刷、辞书编纂等方面发挥了巨大作用,有力促进了国家通用语言文字的规范化和现代化,推动了社会、文化、教育的发展。

以2013年6月发布的《通用规范汉字表》为例。这个字表为配合《中华人民共和国国家通用语言文字法》而研制,替代了《第一批异体字整理表》《汉字简化方案》《简化字总表》《印刷通用汉字字形表》《现代汉语常用字表》《现代汉语通用字表》等先前发布的多部规范,是现代汉语的通用规范字集,体现着现代通用汉字在字量、字级和字形等方面的规范,是体现国家文字政策的重大规范。《通用规范汉字表》共收录规范汉字8105个,"闫"等226个已在社会语言生活中广泛使用的简化字和"喆、昇、邨、淼"等45个异体字被调整为规范字,正式收录。《义务教育语文课程标准》规定,小学阶段识读汉字的数量为3500个,这3500个字采用的就是《通用规范汉字表》一级字表。⑤

作为语言文字规范化的传播者,教师的语言规范应及时更新。在教学实践和语言运用中,教师应该规范自身的语言行为,做语言运用规范化的表率。然而,实际教学中,很多语文教师都没有关注这些新标准、新用法。

(三) 学生语言规范要增强

学生语言文字运用的规范,首先是来自学习语言文字的教材和传播语言规范的教师,其次是在语言运用情境中,通过语言实践活动,积累言语经验。这其中语文工具书的作用非常重要。中学生最常用的工具书是《现代汉语词典》和《古汉语常用字字典》,增强学生语言规范,必须引导学生经常使用规范的工具书。

《现代汉语词典》由商务印书馆出版,是高考阅卷、播音主持、报刊编辑、法律裁定和制订、修订国家有关语言政策法规的重要依据,肩负着国家赋予的为推广普通话、促进汉语规范化的任务,因此具有极高的权威性。《现代汉语词典》2016年9月第7版修订本全面落实了《通用规范汉字表》,同时吸收了近年来普通话异读词审音工作的一些成果;增收近几年涌现的新词语400多条,增补新义近100项,删除少量陈旧和见词明义的词语;根据读者和专家意见对700多条词语的释义、举例等做了修订。

标点符号是书面语言的有机组成部分,是书面语言不可缺少的辅助工具。作为语文的基础，标点符号也是所有学生必须掌握的语文基本知识点。但大多数学生都存在着不断句，或者没有分清感叹号和问号的区别等问题。最新公布的《标点符号使用大全》，对原有的标点符号使用法则进行了重新制定及修改，在标点符号使用的用途上做了更多的完善。例如：问号新用法，在多个问句连用或表达疑问语气加重时，可叠用问号。通常应先单用，再叠用，最多叠三个。例如：

这就是你的做法吗？像你这个经理是怎么当的？？你怎么竟敢这样欺骗消费者？？？

再如：叹号新用法，（1）表示声音巨大或声音不断加大时，可叠用叹号；表达强烈语气时也可叠用叹号，最多叠用三个。例如：

轰！！在这天崩地塌的声音中，女娲猛然醒来。
我要揭露！我要控诉！！我要以死抗争！！！

（2）当句子包含疑问、感叹两种语气且都比较强烈时，可在问号后再加叹号。例如：

这点困难就把我们吓倒了吗？！
他连这点起码的常识都不懂，还敢说自己是高科技人才？！

高中语文新课程18个学习任务群中，有两个任务群直接指向语言文字运用：学习任务群4"语言积累、梳理与探究"和学习任务群13"汉字汉语专题研讨"，可见，顶层设计关注到语言文字规范化在高中语文教学中的重要地位。

（四）用考试"指挥棒"引领语言规范化

2015年7月，教育部考试中心主任姜钢以"坚持以立德树人为核心 深化高考考试内容改革"为题，在《中国高等教育》发表文章，强调要"发挥高考'指挥棒'作用，推进高考考试内容改革"。北京大学中文系温儒敏教授也指出，要发挥高考对中学教学正面"指挥棒"作用，有针对性地解决语文教学实践中普遍存在的某些问题。

规范语言文字运用，同样应发挥中考、高考"指挥棒"的正面"指挥"作用，加强语言运用规范的考查，有针对性地解决语文文字运用中普遍存在的不规范问题，在高考"指挥棒"下全面提高学生的语文素养。

放眼学生的语文作业，不能说错别字满天飞，但也是经常飞，"必竟、即然、既使"这样的书写从高一错到高三。更严重的是我们的学生对此不以为意，认为错别字并不影响理解，何必锱铢必较。当然，更重要的原因是，这并不是中考、高考的内容。于是，在平时的语文教学和中考、高考阅卷中，语文教师只能面对学生的错别字等不规范现象徒生感慨。当学生的语文基础知识越来越薄弱的同时，要提高语文素养就是在缘木求鱼了。

全国各地中考、高考语文试题150分，应有一定比例的分值考查语言文字规范化，体现对《中华人民共和国国家通用语言文字法》的贯彻落实，体现语文学科的工具性，引导学生重视语言文字的规范运用。语文高考全国卷"语言文字运用"板块一直坚持考查语病辨析，天津卷和浙江卷多年来坚持考查对字音和字形的辨析，标点符号的用法曾经也是高考语文的必考内容。有一段时期，在全国重点大学自主招生考试的语文试卷中，各大高校无一例外地将字音、字形、字义、成语、病句等内容作为考查项目，可见对语文基础知识的重视程度。如果语文高考坚持把语言文字规范作为必考内容，那么，这个"指挥棒"对贯彻落实国家语言文字政策必将发挥积极的作用。

三、对策建议

（1）要让语言文字规范标准成为广大中小学语文教师的案头必备。语言文字规范标准必须通过语文教育来贯彻和落实，贯穿在语文教育之中。应该像《识字、写字教学基本字表》《义务教育语文课程常用字表》一样，在《义务教育语文课程课标》和《普通高中语文课程标准》之后附上"语言文字规范标准汇编"。要让国家制定的这些规范标准像《新华字典》

和《现代汉语词典》一样，成为广大中小学语文教师的案头必备，渗透于语文教师的课堂之中。遗憾的是，《现代汉语词典》第 7 版早在 2016 年 9 月修订出版，体现了很多新的语言文字运用的规范，然而，在很多老师的案头，摆放的依然还是《现代汉语词典》第四版（2002 年修订）、第五版（2005 年修订）、第六版（2012 年修订），老师们手头的必备工具书并未及时更新，遑论对新的语言文字规范标准的了解和重视。

（2）"语言建构与运用"在中考、高考的语文考查中应该得到足够的重视。语言文字规范是国家的基本国策。"语言建构与运用"是语文学科核心素养的基础，也是语文学科的关键能力。依据课程标准，各地中考和全国高考的语文试题中，考查学生"语言文字运用"的板块，应该落实"语言文字规范化"的考查。近几年高考语文全国卷关于"语言文字运用"板块的考查占 20 分，其中必须有一定的分值考查语言文字规范的运用。

参考文献

[1]《普通高中语文课程标准（2017 年版）》第 1 版，人民教育出版社 2018 年版。

[2] 王宁：《谈谈语言建构与运用》，《语文学习》2018 年第 1 期。

[3]《2018 年十大语文差错》，《咬文嚼字》2018 年 12 月 26 日。

[4] 张勤、黄增强：《郑州教师彭帮怀在语文书中发现 30 余处错误 状告出版社》，《郑州晚报》2013 年 11 月 20 日。

[5]《义务教育语文课程标准（2011 年版）》第 1 版，北京师范大学出版社 2011 年版。

"The Construction and Application of Language" Should Strengthen the Consciousness of Standardization

YANG Shusong

(No. 6 High School of Xiamen, Fujian)

Abstract: The application of language has been in a weak position for a long time in Chinese teaching in middle schools, and the phenomenon of nonstandard use of language is more prominent in social life. "The construction and application of language" is the foundation of the core literacy of Chinese discipline, and also the key ability of Chinese discipline. Through the analysis of the phenomenon of language anomie, strengthening the norms of language from three aspects: the compilation of textbooks, the teaching of teachers and the use of students, it is of great practical significance. In Chinese teaching, the positive "command" role of the "baton" in the middle and high school entrance examinations should be brought into play, the examination of standardized language use should be strengthened, and students' Chinese literacy should be improved in a targeted manner.

Keywords: Language Construction and Application; Language Standards; Chinese Literacy Enhancement

作者简介

杨书松，福建省厦门第六中学，福建省正高级教师、特级教师、中小学教学名师，福建省语文学会副会长，厦门市特级教师协会秘书长，福建省高中语文名师工作室领衔人。主要从事：中学语文教学。

国别化基础教育母语教材研究现状与发展突破探讨*

杜晶晶[①] 厦门大学嘉庚学院 厦门大学国家语言资源监测与研究教育教材中心

[摘 要] 20世纪90年代国别化基础教育母语教材研究随着我国语文教育改革、新课标体系建立曾经蓬勃发展，本文从研究者角度出发，归纳语文教育界、教材编辑界、语言规划界三种研究者关注国别化基础教育母语教材的研究特点和成果效应，提出时代现状、研究定位、角度方法三方面的研究建议，从立意、角度、方法三个方面提出未来国别化基础教育母语教材研究的发展突破点，并认为国别化基础教育母语教材研究落脚点应在教材外部机制建设与内部结构相互影响、支持、配合研究上。2019年是我国调整基础教育教材从分编到统编的重要转折期，应及时总结世界基础教育母语教材语言的研究规律，为我国统编本教材的实施提供更有针对性的建议与意见。

[关键词] 国别化；基础教育母语教材；研究综述

引言

教材，是联结教育理念、课程教学、学生学习三方面的关键教育环节。教材建设体现教育理念、执行教育政策、建立课程知识体系，是世界各国教育系统中的重要内容。教材建设研究包含两个层面：教材外部机制建设研究，有课程目标、课程标准、教材地位、教材体例、教材类型、出版流通机制等内容，与教材在教育系统中运行的各个层面发生关系；教材内部结构建设研究，有理念宗旨、编写原则、结构体系、认知规律、知识内容、技能训练、风格特色等内容，是教材在具体教育教学过程中承担的功能与发挥的作用。教材外部机制建设研究，是从教育的理论角度切入，是统摄所有学科教材设计的上位体系，任何学科的教材建设都要体现本国教材外部机制的普遍性

规律。教材内部结构建设研究，是从教育的实践角度切入，是教材具体编排、使用和评估的基本框架，不同学科的教材建设体现不同的内部结构特点。教材建设是教育事业的重要内容，其中基础教育的教材建设是重中之重。教育兴邦，基础教育是世界所有国家教育事业的根基。随着2017年"部编本"基础教育教材逐步投入使用，我们的基础教育教材，其外部机制与内部结构和世界其他国家相比如何？我国母语教材建设研究应首先调查研究国别基础教育教材两个层面的情况。

世界任何一个国家、民族或地区的基础教育中，母语教育都是核心和基础。基础教育中的母语教材是关键环节，它在教育体系中遵循多元理念、实现多角度目标、培养多方面能力与素养，最终完成多功能的使命。世界各国基础教育的母语教材建设，是其教育系统内教材建设的关键点、聚焦点和系统枢纽。母语

---

* 本文受福建省中青年教师教育科研项目（项目编号：JAS150775）、厦门大学人文社科重点培育项目"世界主要国家基础教育母语能力要求及其资源建设研究（项目编号：20720191075）"资助。

① 厦门大学嘉庚学院副教授，硕士研究生导师，汉语言文字学博士。厦门大学国家语言资源监测与研究教育教材中心副主任，福建省人文与社科研究基地"两岸语言应用与叙事文化"研究中心副主任，主要研究教材语言、语言能力、词汇学及应用语言学。

教材首先反映本国教材外部机制的普遍性规律,同时体现母语教育的特点。通过各国基础教育母语教材两个层面的建设研究,不仅可以掌握各国教材建设的理念、宗旨、目标、性质、内容和实施,更可以了解其核心教育的历史、政策、执行与效果。世界各国基础教育母语教材建设的研究是研究国别教育、课程、教材的起点与重点。

一、国内国别基础教育母语教材研究现状

纵观我国百年以来的语文教育发展历程,每一次重大变革之时都伴随着对国别化教育、教材的研究探讨。1902 年语文学科独立、20 年代语文体系初建、30—40 年代学科探索、1949—1966 年更新发展、1976 年至今改革创新,"他山之石"的借鉴影响至今。但在改革开放以前,鉴于社会、历史和政治各方面条件的不足,国别基础教育母语教材的研究往往难以形成一个独立的研究领域,研究成果也总是隐在我国语文教育研究之后。近三十年来,明显区别于前期研究,形成了从国家到个人、从机构从业者到相关学者的国别基础教育母语教材的研究群体,并且将国别基础教育母语教材研究发展成为一个相对独立的研究领域,包括"教育教学研究界""教材编辑出版界""语言规划研究界"三类。

(一)教育教学研究界

教育教学研究界首先体现为国家科研主管机构与部门所牵头的研究,这类研究中汇集了我国国别基础教育母语教材的几乎所有专门研究者,尤以全国教育科学规划办的"九五""十五"国家级重点教育科研课题"中外母语教材比较研究"为代表。

1997 年,该项课题由江苏省泰州中学和南京大学外国语学院联合申报,泰州中学副校长洪宗礼主持。跨越十年,2007 年出版了该课题的终结性成果十卷本的《母语教材研究》,涵盖了中国百年和世界四十多个国家和地区的母语教材、教学大纲,参与该项研究者中外学者达 160 多位,此外还有国家教育行政部门、中央教科所,教材编者和出版社编审,一线教师和教研人员等。在这样的规模与组织下,《母语教材研究》可以称得上是我国母语教材研究的奠基之作,它系统梳理了母语教材研究的文献,广泛收集了国内外有关母语教材的课程标准、教学大纲、各类型教材文本;形成了母语教材研究的基本框架,对国内外母语教材的内容、目标、呈现做了典型性的展示与分析;对比中外母语教材之间的差异,为我国母语教育提供了可资借鉴的不同视角。从课程论出发,以教学法为主线,串联起母语教育与母语教材的理论与实践研究,对传统的课程、教材、教法的关系问题给出了比较深入的探讨,对我国新课标以及"一纲多本"语文教材实践具有积极的推动意义。

语文教育教学界对国别基础教育母语教材的研究体现为宏观与微观两种类型:国别母语教材的宏观研究,像顾明远《比较教育学》、钟启泉《世界课程与教学新理论文库》、倪文锦《语文教育展望》、朱绍禹《中外母语课程教材比较》、王荣生《语文科课程论基础》、顾之川《20 世纪语文课程研究》等,分别从理论、实践和现状角度对国别基础教育母语教材的研究进行了奠基性的工作,柳士镇、温儒敏、韩雪屏、潘涌等学者主要以教材理念、教材功能、教材特点、教材编制原则、教材评介等领域的中外对比为研究对象,对中外母语教材的差异性分析提出了领先的理念与实践总结;国别母语教材的微观研究,在《母语教材研究》出版前多以个别教师的感悟体验对比为主要内容,在《母语教材研究》出版后,由于有了相当数量的翻译文本,中外国别母语教材的对比研究呈现出细化、针对性强的特点,尤以中小学语文教师队伍的研究成果为代表,多以具体课文、练习设计、教学法研讨的对比为研究对象。语文教育教学界的研究在教材建设研究的外部机制与内部结构两个层面都分别予以了关注,内部结构研究在中小学教师群体中多从教学角度出发研究。

（二）教材编辑出版界

教材编辑出版界以人民教育出版社为代表，这类研究从出版社的角度出发，形成横向、纵向两条国别母语教材的研究思路。早在 1987 年，人民教育出版社就曾组织相关专家建立"低幼读物和教材考察团"，出访欧洲、日本等国家和地区，广泛考察当时的国别基础教育教材及教学情况，这次考察的具体报告由《课程·教材·教法》1987 年第 8 期专栏刊出。2010 年，国家社科基金重大项目"中国百年教科书整理与研究"，由人民教育出版社申报，原总编辑徐岩担任项目首席专家。该项目首次呈现了中国教科书全学科百年发展立体全景，对于百年教科书数据资料整理的完整性和系统性达到前所未有的高度。项目最终形成的研究成果包括五大系列 48 卷，即中国百年中小学教科书综录（3 卷）、中国百年中小学教科书珍本图鉴（4 卷）、中国百年中小学教科书变迁脉络研究（19 卷）、中国百年中小学教科书变迁专题研究（19 卷）、中国百年中小学教科书已发表成果（3 卷）。以出版社的先天条件建立起教材的纵向文献资料库，对于后续的教材研究形成了集中性的资源补充，是我国教材研究历史上重要的数据源建设工作。教材编辑出版界的研究多从编纂的视角出发研究教材，兼以外部机制建设与内部结构建设研究。

（三）语言规划研究界

语言规划研究界，对母语教材的研究始于语言研究。首先是 2005 年国家语言文字工作委员会首批五个科研机构建立，"国家语言资源监测与研究教育教材中心"与"平面媒体语言""有声语言媒体""网络语言媒体""海外华语"相并列。创建了教材语言的研究系统，以理论探索、方法创新和科研服务三结合为该中心的研究特色。当教材语言成为研究的正面对象时，母语教材自然成为研究的主要内容，教育教材中心自 2005 年起，广泛调研大陆、港台、海外的语文、语言、学科教材，提出了教材语言研究理论架构，形成了教材语言的研究方法，对当时国内主流的四家出版社新课标的语文、思想品德、科学等教材，以及十套对外汉语教材的语言进行了穷尽性、全面的量化分析，形成语文及学科教材的教材语言数据库，形成大数据的资源服务系统。每两年一次连续召开了六届全国教育教材语言研讨会，聚集了一批国内研究语文教材、语文教育以及教材语言的研究队伍，出版了数量众多的科研论文，在国内多个专业期刊设立了研究专栏，有的期刊连续八年发表该专题的成果。并于 2016—2018 年陆续出版了《基础教育语文教材语言研究丛书》六册，该丛书是"厦门大学社科繁荣计划重大课题"，获得"国家'十二五'重点图书出版规划项目"资助。从民国至 21 世纪全面调查、统计和描写了我国基础教育语文教材语言的面貌、问题和现状。首先，自 2006 年起教育教材中心每年就某一领域教材语言的研究提供调查报告并被收入教育部语言文字信息管理司年度《中国语言生活状况报告》（中国语言生活绿皮书）中。其次，是 2016 年国家语言文字工作委员会发布的《世界语言生活状况报告》（中国语言生活黄皮书），以世界语言生活状况为调研对象，范围遍及全球 6 个地理片区 37 个国家和地区，其中语言教育是各国语言生活的重要部分，母语教育的基本情况也成为该报告的重要组成部分。随着全球化时代的发展，语言作为国家软实力的重要表现，必然要求语言的研究、教育、传播三者相互结合、共谋发展，从语言研究的层面来探究母语教育、母语教材是研究合流的大势所趋，是新时代、新方法、新视角对母语教育的全新要求。语言规划界的教材研究涵盖外部机制与内部结构两个层面，外部机制研究多以政策研究为主，内部结构研究以专题深入为特色，多以使用者角度切入教材研究。

二、国外国别基础教育母语教材研究现状

国外的基础教育母语教材研究一般针对本国的语

言教育，鲜少有大规模、调研性质的针对本土以外教材建设研究的项目及行动。本国的母语教育是各国教育研究的重点，也是语言政策研究的热点。基础教育母语教材研究者多以政府名义、母语教育名义出现，往往和社会语言学、语言规划与语言政策研究密切相关。在民族历史悠久、国家关系错综复杂、移民往来频繁的国家和地区，母语教育往往又肩负着协调多民族、多信仰、多国籍之间关系的功能，这就使得国外的母语教育，尤其是基础教育阶段的母语教育政策成为各国教育研究、语言研究的热点和焦点。不同国家对母语教育处理的方式不同，母语教材的研究往往蕴含在母语教育政策的研究内，欧洲和美国是典型的代表。欧盟成立以后，多语背景在欧洲多个国家成为人们跨地区生活的必需技能，欧洲议会2001年通过了《欧洲语言教学与评估框架性共同标准》（Common European Framework of Reference for Languages，英语CEFR，德语GERS），此后几经修改在2009年形成了三个等级九个级别的语言教学及使用评估体系，从低到高将学生的语言水平和所具备的实际交流能力进行了详尽的描述。欧洲各国基础教育中的语言教育政策及教材实施由此也对应形成了一系列的新措施与新尝试，欧洲各国母语教育前所未有地面临第二语言教育的挑战与竞争。美国在2007年启动了"共同核心州立标准"（Common Core State Standards，CCSS）的研制，2010年起在全美各州推行，旨在改变全美各州课程、教学各成体系，彼此之间难以匹配协调的问题。通过CCSS的推行，美国46州，占全国80%的学龄儿童，在实施全国统一课程标准上，开启了关键性的一步。CCSS涵盖了幼儿园到G12（相当于国内高三）各个年级，包括了数学与英语通识两个基础学科的课程标准体系。各州母语教育系统，从教学宗旨、目标到教材研发和教学法探索都发生了一系列的连锁应对变化。

进入21世纪以来，世界各国在语言教育领域越来越集中反映出全球化背景下对人才培养的新需求、新方法和新举措，母语教育的理念与政策也在这样的氛围中逐步发生着日新月异的变化，母语教材则直接反映这些变化。世界各主要国家在最近十年间，几乎都对本国语言教育政策、教育理念和教材进行了或大或小、或充分或进行中的思考、调整与改革。

三、研究现状评介及发展突破探讨

我国所进行的世界各国母语教材研究工作以"中外母语教材对比研究""中国百年教科书整理与研究""基础教育语文教材语言研究丛书"系列成果为代表，规模大、资料全、历时长、成果丰，体现了独具中国特色、中国风格和中国气派的哲学社会科学研究特点，达到了社哲研究领域里罕见的规模和层次，具有里程碑意义，为后来的研究奠定了基础、提供了思路、指明了方向。从教材建设研究的两个层面上来看，教材内部结构层面的研究在已有研究中涉及的面广，但研究的深度除了课程论、教学法角度外，还需要就教材建设的共性及普遍性规律进行探索；教材外部机制建设研究虽有涉及，但相比之下略显薄弱。教材外部机制建设研究是摸清教材建设普遍性规律的重要视角。回顾过去二十年的国别教材建设研究，在时代与现状、立意与定位、角度与方法三个方面依然有需要弥补的不足和继续探索的必要。

首先，时间久远、现状变化，国别化基础教育母语教材研究成果亟待更新升级。距离上述国别基础教育母语教材研究的高峰期已经过去了至少二十年。在这二十年里世界格局、国家关系、教育理念、教育政策都发生了极大的变化：语言生活规律的共性正以一种全球同步的情况在形成，网络新生代的母语教育正成为全球化的教育问题，母语及母语教育是世界各国的舆情热点；中国正在发挥以前任何时期都不能与之相比的国际影响力；汉字文化圈内各国文化层面的融合与竞争，日本国语教育研究所《国语教育研究大辞典》《国语教材研究大事典》的连续更新与记录，对我国母语教育的借鉴及参考；英国脱欧，英语文化圈国际影响力下降，《欧洲语言教学与评估框架性共同标准》对加盟国母语教学的冲击与影响；阿拉伯语世界的新动向等，无不告诉我们全球化飞速发展的背景下，新的世界格局正在形成。从课程开发范式到课程理解范式，从普适性的教育规律到情景化的教育意义，从一元功能的教育到多元功能的学习，从教学到对话，前沿的教育理念不断出现，基础教育的理念与政策也在不断调整和发展。在前辈们研究成果的基础上，有必要对最近二十年以来的世界各国基础教育母语教材的新发展、新探索和新尝试做共时平面的重新梳理与汇总，以期更为全面、深入、到位地了解当前世界其他国家母语教材的建设情况。

其次，在现状变化的前提下，研究的立意与定位需要做出调整，应锁定母语教材的外部机制与内部结构之间的关系做文章，以符合当前的现实需要。已有研究从语文课程论出发来看待、整理和分析中外母语教材，研究内容上将教材的外部机制与内部结构分开对待。虽然取得了值得肯定的成就，但同时也存在与当下时代背景相脱节的问题。在当今世界交叉融合、语言互通共利的背景下，别国的母语教材如何依据政策、规划做出调整，并获得成效，是研究的根本立意。我国现有研究以课程论立意，虽然将教材建设外部机制与内部结构的部分内容都涵盖了一部分，但对于两个层面的相互关系，尤其是机制建设对内部结构的统摄、指导和影响的作用，内部结构对政策、机制的执行与实施，并没有揭示出来。在当前的全球化背景下，各国教育政策的保持或变化是及时、动态的教育事实，是各国指导本国基础教育的理念与总纲。英国威尔士、苏格兰、英格兰三个地区在不同时期执行不同的语言政策，其本地民族母语教学及教材对如何执行这些政策并取得成效是极有借鉴意义的考察。英国的 GCSE 考试中，将民族语作为计分科目后，其各地区、各民族推行的母语教育政策如何反馈到母语教育实践、母语教材编写上，也具有相当的借鉴价值。自 2007 年美国的 CCSS 政策推行以来，其母语基础学科的课程标准如何调整、如何指导教材编写并取得成效，也是值得关注的母语教育动向。在我国，2017 年开始推广实行的"部编本"教材，就是对以往基础教育的一次反思与改革，采取"语文素养"和"人文精神"两条线索相结合的方式编排教材内容，以发挥语文学科独特的育人价值，以文化人。注重"语文素养"与"人文精神"的结合成为"部编本"语文教材编纂最主要的指导思想。这是我国在应对新时期语文教育新任务的一次有益尝试，从理念、宗旨到实施形成了一次有机的整体革新。因此，母语教材建设研究应首先将立意与定位放到教材外部机制与内部结构的双重层面上，才能有更为清晰的视野、更为广阔的视角来研究国别母语教材建设。在前人课程论立意的基础上，有必要将国别基础教育母语教材研究的立意推进到母语教材的外部机制建设与内部结构两个层面来进行，特别是梳理好各国母语教育政策的来源、历史、现状、执行与效果，以保证在调研国别基本情况时的全面与准确。

最后，角度与方法需要做出更新。已有研究对国别母语教材的全过程进行了梳理，包括内容、结构、训练系统、编写、审查、出版、装帧和评价，对教材的内部结构研究较为重视，对教材的外部建制研究则较为宏观，缺乏两者建立关系的计量指标系统。母语教材两个层面的关系是理解教育政策、语言政策与母语教育之间关系的重要手段。母语教材的外部机制可以观察教材建设的普遍性规律，比如：母语教育的政策，母语课程的地位，母语教材的大纲，母语教材的统编或自选机制，这四者是紧密联系的，政策决定地位，地位落实为大纲，大纲指导教材。母语教材的内部结构可以观察核心学科的建设特点，比如：教材的知识性与道德性，以及带来的能力素养差异特征；教材的规定性与示范性，是如何影响人们的母语素养。已有研究成果多以举例式、展示式的定性分析为主，而缺少符合性调查的数据事实，缺少从知识体系、能力素养方面提出的量化要求做参照对比。日本国内的"中国语检定考试"是仅次于英语的外语水平考试，该考试有词量要求而无词汇大纲，但高等级的试题总是会与中华传统文化、东方伦理道德相联系。波兰政府针对20世纪后期PISA成绩垫底情况所制定的核心教学大纲（Core Curriculum for Pre-school and General Education）执行多年以来，到新世纪其中学生的PISA综合测试成绩有了稳步的提升。不论日本还是波兰，不论外语还是母语教育，都从语言教育的标准层面提出了不同宗旨的要求，从而形成不同样态的语言教育生态和语言教育效果。国别化基础教育母语教材研究从两个层面出发，首先在角度上应予以更新，聚焦母语教材外部机制建设与内部结构建设中最为核心的环节与要素。在研究中，应兼顾定性与定量两种研究方法，在摸清主要国家教材建设的调查研究中应确立一套能够定量化分析的体系与指标，通过穷尽性的教材及其相关资源描写分析，从语言单位的细颗粒化处理上建设国别基础教育母语教材的大数据资源，来达到全面掌握主要国家基础教育母语教材建设情况的目的，在客观、量化的指标统计基础上，再行中外基础教育母语教材的精准对比研究。

四、国别化母语教材研究的立意点与价值

我国母语教材研究亟须从立意、角度和方法三个方面对现有研究进行进一步的拓展与突破。

立意，从已有研究的课程论定位拓展到教材建设的两个层面上，以"全面调查研究""有针对性地就重点问题进行对比""寻找普遍性规律与特点""寻找我们处理教材的思路、对策"为核心，分析世界主要国家当前母语教材的外部机制建设，包括母语教育政策，来反观各国母语教育的思想、发展或变革、措施以及实施方案；调查世界主要国家当前母语教材的内部结构建设，包括母语教材从编写到使用的全过程。

角度，以联合国六种工作语言为基础，从全世界四大洲聚合五个语言文化圈，选取若干个有代表性的国家进行母语教材建设的研究。从已有研究的母语教材全景式研究聚焦为母语教材的类型化研究，从使用者的视角对母语教材的特性做出更为深入的调研。

方法，从已有研究的定性式、例举式方法转而使用定性和定量分析并重的研究方法。利用教材建设两个层面思路，建设国别基础教育母语教材资源库和语料库，建设一套客观、量化分析母语教材的统计指标，从而能够获得世界主要国家教材建设的普遍性规律与经验。

2017年，我国教材届有三件大事：教材局成立（《国务院办公厅关于成立国家教材委员会的通知》由国务院办公厅于2017年7月3日发布）、教材委员会组建（《国务院办公厅关于成立国家教材委员会的通知》于2017年7月6日发布）、全国中小学生将使用"教育部编义务教育教材"（2017年9月起实施）。2018年5月22日，我国第一个国家级课程教材研究专业机构"课程教材研究所"正式成立。教材建设工作前所未有地提到了国家战略的高度。抚今追昔，一个多世纪的中国现代教育、课程以及教材的成功改革都离不开对其他国家优秀经验的学习与借鉴。

2019年，是我国调整基础教育教材从分编到统编的重要转折期，应及时总结世界教育教材语言的研究规律，以期为我国统编本教材的实施提供更有针对性的建议与意见。国别化母语教材研究是继90年代以来国别基础教育母语教材研究再一次的纵深与拓展研究，在国别研究的借鉴性上、大规模调研的真实性上、广泛语言文化区域的对比性上以及由此所进行的教材理论性探索，均有极大的学术、应用和社会价值：将完善教材研究的理论与方法，利用穷尽式、量化分析的手段来全面描写、分层次呈现与国别教材建设的基本情况，建设母语教材大数据资源；将为我国教材的编纂与评估、知识的设计与能力培养、母语教育的思想观念树立与意识影响提供客观精准的描写数据，为我国教材建设的有效性、针对性、延展性提供有效到位的意见与建议；在客观、精确分析国别化教材建设情况的前提下，真实、到位地就全民都关心的基础教育教材问题给出准确的回答。

参考文献

[1] 中外母语教材比较研究课题组：《中外母语教材比较研究论集》，江苏教育出版社 2000 年版。

[2] 中外母语教材比较研究课题组：《中外母语教材比较选粹》，江苏教育出版社 2000 年版。

[3] 中外母语教材比较研究课题组：《中外母语课程标准译编》，江苏教育出版社 2000 年版。

[4] 中外母语教材比较研究课题组：《外语文教材评介》，江苏教育出版社 2000 年版。

[5] 中外母语教材比较研究课题组：《汉语文教材评介》，江苏教育出版社 2000 年版。

[6] 洪宗礼、柳士镇、倪文锦主编：《母语教材研究（十卷本）》，江苏教育出版社 2007 年版。

[7] 国家语言资源监测与研究中心编：《中国语言生活状况报告（2017）》，商务印书馆 2017 年版。

[8] 教育部语言文字信息管理司组编：《世界语言生活状况报告（2016）》，商务印书馆 2017 年版。

[9] [日] 佐藤学：《学习的快乐——走向对话》，钟启泉译，教育科学出版社 2004 年版。

[10] 顾明远：《世界教育发展的启示》，四川教育出版社 1989 年版。

[11] 王荣生：《语文科课程论基础》，上海教育出版社 2005 年版。

[12] 李海林：《言语教学论》，上海教育出版社 2006 年版。

[13] 张治国：《中美语言教育政策比较研究——以全球化时代为背景》，北京大学出版社 2012 年版。

[14] 苏新春主编：《基础教育语文教材语言研究丛书（五册）》，广东教育出版社 2017 年版。

[15] 倪文锦：《文化强国与语文教材改革》，语文出版社 2015 年版。

[16] 何文胜：《两岸三地初中语文教科书编选体系的承传与创新研究》，文思出版社 2007 年版。

[17] 张承明：《中外语文教育比较研究》，云南教育出版社 2006 年版。

[18] 朱绍禹、庄文中：《国际中小学课程教材比较研究丛书（四册）》，人民教育出版社 2001 年版。

[19] 付宜红：《日本语文教育研究》，北京师范大学出版社 2003 年版。

[20] 黄黛菁：《新加坡小学华文教材历时研究》，博士学位论文，南京大学，2013 年。

[21] 孟凡丽、毛菊、杨淑芹：《中小学教材研究（1977—2009）：回顾与反思》，《当代教育与文化》2012 年第 2 期。

[22] 苏新春、杜晶晶、关俊红、郑淑花：《教材语言的性质、特点及研究意义》，《语言文字应用》2007 年第 4 期。

A Review of the Current Situation and Breakthroughs in the Development of Nationalized Basic Education Mother Language Textbooks

DU Jingjing

(Xiamen University Tan Kan Kee College/National Language Resources Monitoring and Research Education Textbook Center of Xiamen University)

Abstract：This thesis summarizes the current situation of the research on mother tongue textbooks of nationalized basic education since the 1990s. From the perspective of researchers, it summarizes the current situation of the research on mother tongue textbooks of nationalized basic education in the three research identities of language education, textbook editing and language planning, and puts forward the long－term and research. There are three shortcomings in positioning and angle methods. In view of the accumulation and shortcomings of the current research situation, this paper puts forward the breakthrough points of the future research on mother tongue textbooks of nationalized basic education from three aspects：intention, angle and method. 2019 is an important turning point for China to adjust the textbooks of basic education from categorization to compilation. We should summarize the research rules of the language of the textbooks of world education in time, in order to provide more pertinent suggestions and opinions for the implementation of the textbooks of our country.

Keywords：Nationalization；Mother Tongue Textbooks for Basic Education；Research Summary

作者简介

杜晶晶，厦门大学嘉庚学院副教授，硕士生导师，汉语言文字学博士。厦门大学国家语言资源监测与研究教育教材中心副主任，福建省人文与社科研究基地"两岸语言应用与叙事文化"研究中心副主任。主要研究方向：教材语言、语言能力、词汇学及应用语言学。

语言文字规范需要科学的汉字教育

王立军　北京师范大学民俗典籍文字研究中心

关于语文教育领域如何落实新课标和语言文字规范的问题，我主要谈两点认识：

第一点认识，语文教育领域应该成为落实语言文字规范的排头兵。应该说，这次的新课标在语言文字规范落实方面做得是很好的。比如，新课标直接把《通用规范汉字表》的一级字表3500字作为义务教育语文课程的常用字表。

《通用规范汉字表》一级字表在功能上相当于过去的《现代汉语常用字表》中3500常用字，但在具体收字上与《现代汉语常用字表》有103字的差异。也就是说，《现代汉语常用字表》中有103字未进入《通用规范汉字表》一级字表。换个角度说，《通用规范汉字表》一级字表收录了103个《现代汉语常用字表》中没有的字。一进一出加在一起相当于有206个字的差异。

之所以会有这样的差异，主要是由于现在的时代与原来的3500常用字表研制的时代已经相距几十年之久，这期间，语言生活状况发生了明显的变化，所以新的3500字完全是基于现在的语文生活事实提取出来的。而且，从提取手段来看，《现代汉语常用字表》依据14个不带使用频度的静态字表和6个带有使用频度的动态字表进行二度统计，而此次制定《通用规范汉字表》则充分利用现代信息技术所提供的科学手段，通过大型语料库考查汉字的使用度和通行度，大大提高了选字的科学性和准确性。

新课标之所以能够将一级字表3500字等同于义务教育语文课程常用字表，一方面，是字表研制组当时在收字及分级的时候，已经充分考虑到了基础教育的实际需求，特别建设了教育科普综合语料库和儿童文学语料库，将1951—2003年的中小学通用教材及科普读物语料，以及1949—2007年适合义务教育第一、二学段阅读的儿童文学语料作为重要收字依据，有效反映了义务教育与社会大众层面的实际用字状况。特别是在一级字表和二级字表临界字上下调适的过程中，字表组反复征求了一线语文教师的意见，甚至把那些临界字做成调查字表，让一线老师选择哪些应该进，哪些应该出。正是由于在这方面做了细致的工作，一级字表跟义务教育语文课程常用字表可以高度吻合，符合基础教育阶段科学规划汉字教育的要求。

另一方面，之所以课标组能够把一级字表直接拿过来用，也反映了课标组有着非常明确的落实语言文字规范和科学汉字教育的意识。当然，课标组的规范意识要想在教材当中得到落实，还有一个过程。我们知道，小学教材在印刷的时候都是用楷体，像课文、生字一定是楷体的。但是现在国家关于汉字字形的标准，像1965年的《印刷通用汉字字形表》和后来的《现代汉语通用字表》，以及最近的《通用规范汉字表》，所反映的字形规范都是以宋体的形式呈现的，而宋体字和楷体字之间的差异还是非常明显的。比如说，宋体字左部件末笔的横，在楷体里面会变成提，如平坦的"坦"，左部件"土"中末笔的横画，宋体里是横，到楷体里就变成了提。特别是像走之旁，宋体和楷体的差异就更明显了。虽然国家语委正在组织研制楷体字的字形标准，但是楷体字形标准还没有最终公布、实施，这就为我们义务教育语文教材的印刷带来很大的困惑。教材印刷所用的楷体字到底怎么写？我们是不是都要求楷体按照宋体的笔形去修改呢？楷体是书写字体，宋体是印刷字体，这两种字体的差异是由书写和印刷造成的。如果非要要求楷体跟宋体笔形一致，那楷体的存在还有什么意义？楷体的风格没有了，实际上也就名存实亡了。所以究竟应该怎么去处理楷体和宋体之间的关系？这需要作为一个重要问题去专门研究，要尽快从国家层面给出一个标准来。

我们的教材是用楷体印出来的，孩子们从小学写字都需要从楷体入手。如果楷体的标准解决不了，那凭什么去教孩子们这样写或者那样写呢？所以，制定这方面的国家规范标准是当务之急。教材要去落实，教师要去教，就需要给出一个可供参照的标准，不然的话，你说你的理，他说他的理，那就让人无所适从了。像王宁先生举到"壬"和"壬"的问题，应该有一个明确的决断，不要总"翻烧饼"。

在语文教育领域落实语言文字规范，首先得有明确的语言文字规范标准，我们的教材才能去实现，我们的教师才能去落实。如果在语言文字规范标准方面有模糊地带，那就难怪下边的教材编写人员以及老师们各行其是了。

第二点认识，一线教师是落实新课标精神和科学汉字教育的主力军。有了好的课标需要有好的教材去实现它，有了好的教材又需要有高水平的一线教师去实施它，包括在汉字教学方面。前面提到，新课标对汉字教学在整个语文教育，特别是基础教育阶段如何去规划，已经有了很好的设想，可以说是给予了高度的重视，而且新课标里面明确要求设立有关语言文字的专题。这方面的精神和导向非常明确，也非常重要。但是这样的精神、导向如何在教材当中落到实处，更为重要。应该说，教材编写人员动了很大的脑筋，但是要想完全理想地落实到教材里面，确实不是一件容易的事情。王岱老师也谈了这方面的问题，我们跟王岱老师都参与了高中语文教材的编写工作，在编写过程中大家经常讨论，怎么在教材里面设置适当的语言文字知识板块，或者以什么样的方式将相关的语言文字知识在教材当中体现出来，这确实是一个极富有挑战的问题。

即使教材把问题落实了，还有一个重要的因素，是一线老师到底怎么实施，怎样真正落实到具体的教学过程当中。从我目前所了解到的以及所参加的中小学教师培训情况来看，明确感觉到大家对汉字教学这方面的问题都在尽力去探索，也都想把它做好，但从整个教学效果来讲，应该说还很不理想，大家还是过多地在教学方法上去找突破口，实际上最根本的问题是一线老师对系统汉字知识的缺失。

王宁老师曾呼吁在大学里一定要开设独立的汉字学课，而实际上目前国内高校的中文专业，有几家能够把汉字学独立开课的？很少很少，都是放在古汉语里边讲那么一点点，而现在古汉语的课也被严重压缩了，给汉字学教学留下的空间是非常小的。汉字学知识又不是完全靠自学就能够非常好地去领会、去掌握的，以至于出现一些让人哭笑不得的情况。有些老师在运用字理教学教汉字时，竟然拿符号替代、草书楷化之类的简化字去讲字理；甚至有些老师连繁体字都不认识，更别说写繁体字了。包括现在有些中文专业的学生，你要拿繁体书籍让他读下来也很困难，这就说明整个汉字教育在这方面是个很大的薄弱环节。如果我们的语文老师连汉字的发展历史都不了解，繁体字都不认识，那你让他靠什么去落实课标里面有关汉字教育的内容呢？所以我觉得，一个核心的问题就是要对一线老师加强系统的汉字学知识培训。

我也非常赞同在适当的时候，比如说在高中阶段，把繁体字的知识引进语文课堂当中。现在国家特别强调要弘扬传统文化，各个学校开了不少的论语班、孟子班等，为什么不拿出一点点的时间去让孩子们学习认识繁体字呢？我们国家的通用语言文字是规范汉字，是简体字，并不是说就不让大家学习繁体字、认识繁体字。让学生学习一些必要的繁体字知识，跟恢复使用繁体字完全是两码事，没有必要谈繁体字色变。而且认识繁体字其实并不像大家想象的那么难，只要你把它当事儿做了，它占不了语文课堂多少时间。繁体字和简化字之间的差别，并非天壤之别，只要把简化规律、部件的对应关系给学生讲清楚了，我觉得也就是几节课的时间，或者拿课外活动的时间都可以解决这个问题。

上面所讲的两点认识归结到一点，就是说，在语文教育事业方面，国家主管部门、课标专家、教材编写人员、一线老师，每个角色都要肩负起自己的责任。这是一个自上而下的链条，哪一个环节缺失了，都不可能把语言文字规范和科学的汉字教育落实下去。只有大家齐心协力，把每一个环节都很好地衔接起来，才能最终获得理想的效果。

作者简介

王立军，北京师范大学文学院院长、教授，教育部重点研究基地民俗典籍文字研究中心主任，国家语委科研基地中国文字整理与研究中心主任。主要研究方向：汉语言文字学专业的教学与研究。

语文教学要高度重视学生口语能力的培养

袁钟瑞

1997年也就是20多年前,全国语言文字工作会议开会之前领导交给我一个任务,让我为柳斌同志起草一个讲话。当时柳斌同志是国家教委副主任,曾经兼任国家语委主任,他的讲话要讲语文教育、要讲学校教育和语言文字的关系,不可避免地要提到素质教育。

素质教育是什么?我们喊了很多很多年,但到底什么是素质,我找不到。我提出这样一句话,"素质是知识、能力和身心修养的综合反映。"我起草的稿子被柳主任采纳了,所以二十多年来我继续使用这样的说法。

知识是基础,能力是核心,身心修养是实现人生价值的根本前提。就知识和能力来比较,当然能力特别重要,仅有知识,读书万卷,但是缺乏能力,缺乏创造的能力,它只能是个图书馆。

现在说到能力比知识重要,那么能力里面其中哪个能力最重要?20年前党中央和国务院有一个《关于进一步深化教育改革全面推进素质教育的决定》,里面提出重视培养学生的五种能力,哪五种能力?

第一,获取新知识的能力;第二,收集和处理信息的能力;第三,分析和处理问题的能力;第四,语言文字表达的能力;第五,团结协作和社会交往的能力。

我认为这五种能力的提出是对的,但这五种能力并不是并列的关系。无论是获取新知识、收集和处理信息、分析和处理问题、团结协作和社会交往都要依托在语言文字能力上。因此,语言文字能力是其他四种能力以及更多能力的基础和前提。

人后天需要学习的第一种能力就是语言能力。妈妈抱着他吃奶的时候就教他咿咿呀呀地学说话,孩子在不会跑的时候先学会了说话。当然广义的语言能力还包括文字能力,咱们简称就是"语言能力",是一辈子也学不完的。刚才苏培成先生说,他现在每天还在查字典,我也离不开字典,我写东西要查好多种字典。语言能力是一辈子也学不完的能力,而且是随时随地离不开的能力,叫"随身的工具"。

语言能力如此重要,吕叔湘先生说"学好语文是学好一切的根本。"张志公先生解释过这句话,"请注意这个一切,包括数学、物理学、化学、生物学以至于更高的科学应用技术等。学好语文是学好这一切的基础,是建设社会、建设国家的基础"。应当说,这一点在座各位和全国的同行都是有共识的,是没有争议的。

语文的新课标强调了语言文字能力的培养,是一件大好事。叶圣陶先生说"所谓语文就是以北京语音为标准音的普通话和照普通话写下的语体文",这是叶圣陶先生在70年前给语文下的定义。当时实际上不叫"语文",叫"国语",我小时候读书的时候叫"国语"课,再早叫"国文课",直到1956年以后统一改成"语文课"。

但是,重文轻语,一直是改不过来的倾向。我说它是历史留下的痼疾,应当扭转过来实现口语和书面语并重。

先秦时期,那时候写字很麻烦,没有毛笔,更没有纸张，要用刀刻。所以书写不方便，但是就反衬出口语的重要。孔夫子，先秦百家，还有蔺相如、毛遂等人物，都是凭着口才而闻名的。《左传》《战国策》《史记》里面都大量地记载了人物的口才。可是后来形容口才好的词都变成了坏词，"口若悬河""能说会道"是中性词，说人"花言巧语""口蜜腹剑""巧舌如簧""油嘴滑舌"，还有"能把死人说活了"，这些形容口才好的词，绝大部分是贬义词。而说"这人说话不行""说话嘟嘟囔囔"或者是"很木讷"，却是在说这人忠厚可靠。

因为什么？当封建制度固定下来以后，需要罢黜百家、独尊儒术，用不着百家争鸣，用不着能说会道了。特别是科举考试实行以后，一篇文章就吃一辈子。你中了举了，中了进士了，那就是可以做官了。再有一个原因是历代以来的考试都不考口语，直到今天除了考广播电视或者是影视表演特殊专业有口语考试，其他的都没有口语考试，中高考更没有。

我觉得我们的语文教育尽管在课程标准里有口语要求，但没有落实。比如说，小学的课程标准是四大板块：识字、阅读、写作、口语交际。前三块怎么教、怎么学、怎么考，老师都轻车熟路。但是口语交际到底教什么、怎么教、怎么考，老师们糊里糊涂，也用不着弄明白，因为升学不考。可是，当学生大学毕业以后要找工作的时候，口语交际绝对重要。上了多少年学，本科一直到硕士、博士学了那么多年没有学过口语，但是最后决定成败的却是口语。

口语交际的水平，第一看是否规范，第二看是否文明，第三看是否得体。无论是到部委当公务员，还是到饭店去工作，都需要看口语交际水平。去饭店工作，口语交际水平高就有资格去接待客人，口语交际水平低就不能在前台工作。语言能力，特别是口语能力，在当今这样信息化的社会、市场经济的社会，决定着一个人的前程和幸福。

刚才我说了重文轻语，其实大家也不是不重视，但有具体的困难。

第一，升学不考。教学时间是有限的，原来一个星期六天上课改成五天上课，大家都在抢课时，放了学小孩子还要参加各种补习班，学这个，学那个，孩子苦不堪言。课堂上有说话课有些也是花架子，我听过很多小学的说话课就是玩一玩，真到了快毕业的时候说话课就没了，现在不知道说话课还有没有。

第二，教师表达能力也有欠缺。不是说某个老师，而是整个语文教师的队伍，口语表达能力不乐观。不要让我们孩子到将来找工作的时候，因为语言表达能力不强而没有得到理想的工作，反过来暗地里埋怨中小学语文老师。

第三，口语交际怎么教、怎么考，缺乏依据。升学不考，如果学校要抓，老师有兴趣，校长也有兴趣，但是还是不知以什么为依据。小学语文四大板块，前三种依据都很明确，唯独口语交际怎么教、怎么考是个难题。

下面说一下具体的几个想法。

首先，要弄明白口语表达能力好的标准。

第一是普通话要标准。不是说北京地区，现在要考虑到全国，包括所有的方言区。话又说回来，现在北京地区学生的普通话不是很理想。我认为北京孩子的普通话不如石家庄的孩子。到北京任何一个学校进校门的时候，学生都会跟你打招呼："老师好！""老师"的"师"字都没了——"老儿好！"这成了北京人的一个招牌了，就是吞字。北京的语文老师，包括其他科目的老师自认为自己说的天然是普通话。"语文"的"语"，教的是北京土话，而除了北京以外其他所有的孩子学的都是普通话，每一个字都要纠正这个字方言怎么念、普通话应该怎么念，而北京人从来没有得到这样的教育。

第二是说话要清晰、简明，不啰唆。连续几年在北京参加各个区县的语言文字工作评估都要听课，到哪儿听课肯定学校都拿出最好的课让我们听，还没有发现能够做到我这个目标要求的，很多啰里啰唆的话，甚至还有逻辑性错误、常识性错误。我觉得规范、文明、得体，没有逻辑错误，没有常识性错误，最好再加上幽默，才是好的口头表达。老师一要口语表达好，二要写字漂亮，因为孩子会下意识地模仿老师的讲话和板书。

我上初中、高中的时候，都在北京汇文中学，得益于这所百年老校。语文老师罗征政老师上初一第一节课就把我吸引住了，就靠他的朗读课文。还有很多其他学科的老师，都是靠他们精彩的口语表达和漂亮的板书吸引住我们的。到高一的时候语文老师石柱民先生做了一点他权限里允许的小小的改革，我们的语文期末考试满分100分，其中语文知识40分、写作40分，剩下20分给朗诵。这带动起我们全班的朗诵热，不是热一阵子，而是一直热到今天。我们班到现在聚会时都还很喜欢朗诵，可以说热了50多年。

其次，要研究口语表达的规律。

北京一些地方已经连续多年举办"教师朗诵研修班"，每次都是请名家来讲课，学员都是语文老师，大家都觉得受益匪浅。在这个举措的启发下，我想能不能搞一些教学口语的研讨、演讲的研讨、辩论的研讨、讲述技巧的研讨等。同样一个故事，有人讲出来就引人入胜，有人讲出来就味同嚼蜡。大家分析分析，为什么他讲课学生爱听，为什么另一个人讲大家就忍着，耐着性子听，甚至开小差干着别的事情，研究一下语言表达技巧到底是怎么回事。

再次，是要考虑能不能在小范围里进行一些改革，突出口语表达的教学。

可以考虑多多举办各种课上、课下的兴趣活动，锻炼孩子讲故事的能力、表演课本剧的能力，解说、导游、朗读、朗诵、吟诵、演讲、辩论等各种各样的口语活动。

最后，必须思考的是口语表达怎么考。

这方面一直没有考查标准。多年前我依据中小学的语文课标，做过一个《中小学生口语交际考查标准》，但始终没有经过论证和实践检验。我想在会议上对此做个简单的介绍。

这个标准有两个版本，内容其实是一样的。第一个版本，从小学一二年级算一个年段，三四年级算一个年段，五六年级算一个年段，小学分三段。初中三年分一个段、高中三年分一个段，总共是五段，每一段里头都有几个项目——普通话规范、文字朗读、话题表述、交流沟通。口语表达两大类：一个是单向的，现在我的发言就是单向的，另一个是双向的，双向的就是讨论、对话。从低年级到高年级，单向、双向表达都涉及。第二个版本则是先按照大的项目分，再分年段来展开的。这个标准大家可以完全推翻。我做这件事的价值就在于给大家提供一个考查口语表达能力的思路。

我最后补充一下对汉语拼音的看法。汉语拼音应当高度重视。在拼音进入电脑之前，拼音有什么用？只有查字典的时候才用，平常是不用的。但是到了今天拼音有什么用？是我们须臾不可离开的贴身工具。

我在2003年广东的佛山、顺德、广州、肇庆，也就是珠江三角洲方言观念最强的地方进行过调查，到14所大中小学，进学校见着学生就发调查问卷，总共发了140份。其中有一道题，你在使用手机或电脑输入汉字时，习惯使用哪种输入法？A. 汉语拼音输入法，B. 笔形输入法，C. 其他输入法。大家想想在普通话推行最困难的珠江三角洲的核心地带，选择拼音输入法的是138人，这个比例是98.6%，选择其他输入法只有2人。注意时间是2003年。

10年前我又在东莞开了一次讲座，讲的是普通话的价值。那次来听我讲座的是全市的语文骨干教师，满满当当500多人。其间我提一个问题，"在座各位老师你习惯使用哪种输入法？不使用汉语拼音的请举手"，环顾全场500多人里只有两人举手。请大家注意这个地方是东莞。我为什么强调这个地方？因为拼音要用普通话输入。出声音的普通话念得不标准，或许还能听懂，但在手机和电脑上你输错了拼音，字就不出来了。因此，不出声音的普通话比出声音的普通话要求更严格。恰恰珠三角是过去对普通话抵触最强的地方，方言优越感最强的地方。在这样的地方，用拼音输入法的仍旧是绝大多数。

因此，小学语文教育贯彻《中华人民共和国国家通用语言文字法》的那句话"初等教育应当进行汉语拼音教学"，有着很广泛、很深刻的意义。一定要让孩子从小把汉语拼音弄得滚瓜烂熟。

作者简介

袁钟瑞，教育部语言文字应用管理司原普通话推广处处长，中国语文现代化学会原副会长兼秘书长，主要从事或研究方向：推广普通话和语言文字规范化。

落实规范标准，逐步达成目标
——略谈小学语文教材汉语拼音内容编排思路

徐 轶 人民教育出版社小学语文室

学校教育是贯彻执行国家语言文字规范标准最重要的应用领域。《中华人民共和国国家通用语言文字法》第十八条规定："国家通用语言文字以《汉语拼音方案》作为拼写和注音工具。""《汉语拼音方案》是中国人名、地名和中文文献罗马字母拼写法的统一规范，并用于汉字不便或不能使用的领域。""初等教育应当进行汉语拼音教学。"这些规定从法律上明确了汉语拼音的地位和作用，是小学语文教材汉语拼音内容编排的重要政策依据。

小学语文教材作为推行《汉语拼音方案》的主要渠道，遵循国家规范标准，强化拼音的工具属性，分步落实，逐步达标，帮助学生学好汉语拼音，用好汉语拼音，满足信息时代的生活需要。

第一阶段：集中学习拼音，打好拼读基础。

汉语拼音首先是为汉字注音的工具，是帮助汉字教学和推广普通话的工具。小学低年级是汉字教学和普通话教学的关键时期，因此拼音在低年级语文教材中占有极其重要的地位。在一年级起步阶段，语文教材充分发挥拼音作为"注音工具"的功能，将准确拼读音节、借助拼音读准汉字作为拼音学习的核心任务。

在统编小学语文一年级上册教材中，先安排一个识字单元，共5课，要求认识40个简单的汉字，之后，连续安排两个拼音单元，共13课，用一至两个月的时间集中学习拼音。在识字单元和拼音单元之间，以"学了拼音，我就可以认更多的字，读更多的书了"作为过渡，提示学生，想要认识更多的汉字，进而自由徜徉在广阔的阅读天地，就必须借助拼音这一不可或缺的重要工具。以此明确拼音"注音工具"的定位，帮助学生建立起拼音与汉字的联系，激发学生学习拼音、借助拼音识字的兴趣，鼓励学生克服困难学好拼音。

为了更好地发挥拼音帮助识字的工具价值，教材中的拼音标注，遵循"按字注音"的原则，不作分词连写。这一做法，依据的是《汉语拼音正词法基本规则》第七条"变通规则"第一款："根据识字需要（如小学低年级和幼儿汉语拼音识字读物），可按字注音。"正词法中的这一变通规则，充分考虑了初入学儿童的年龄特点和认知水平，非常符合实际情况和教学需求。小学语文教学致力于学生阅读能力的提升，提倡在阅读全文注音的读物时，聚焦于识别汉字而不是拼读音节，遇到不认识的汉字再借助拼音识字。如果教材中的拼音采用分词连写的形式呈现，不可避免地会增加学生的学习难度。比如"电视机"一词，如果学生已经认识其中的"电"和"机"，只是不认识中间的"视"，就必须先从分词连写的"diànshìjī"中析出"视"的音节"shì"（需要从长达9个字母的音节词中，排除前面的音节和后面的音节），再借助"shì"帮助认读汉字"视"，这一过程，无疑会大大增加学生的认知负荷。特别是在初学拼音的阶段，学生还不能熟练地拼读所有音节，在这种情况下分词连写，人为地增加拼音学习的难度，带来的直接后果就是损害拼音帮助识字的效果，影响拼音作为识字工具的使用，不但会拖慢拼音学习的进程，还会打击学生学习的自信心。

第二阶段：在阅读中巩固，在运用中熟练。

在一年级上学期集中学习拼音之后，小学语文教材一直将拼音作为重要的识字工具，在各个年级不断强化运用。教材中的拼音标注，遵循学生能力发展的进程，由"全文注音"到"随文难字注音"到"不注音"，渐次增加难度。

一年级到二年级上册，所有的课文都是全文注音，在学生识字量不足、无法独立阅读的情况下，充分发挥拼音帮助识字的功能，引导学生借助拼音阅读，及早感受阅读乐趣。学生阅读全文注音课文的过程，也是不断复习巩固拼音的过程。

从二年级下册开始，教材采用随文难字注音的方式。对于已经要求认读的汉字，不再标注拼音，而只给本课新出现的生字标注拼音。在此过程中，进一步引导学生借助拼音读准汉字、认识生字。

从中年级开始，教材的助学系统如"阅读链接"不再注音，鼓励学生运用查字典等方法自主识字。无论是运用音序查字法查检不懂意思的汉字，还是运用部首查字法查检不认识的汉字，都需要借助拼音完成任务。由此不断强化拼音的熟练拼读，在查字典的同时运用拼音、巩固拼音。

第三阶段：了解正词法规则，在生活中运用。

到了高年级，在学生已经能够熟练拼读音节的基础上，引导学生了解拼音分词连写的规则，了解拼音作为"拼写工具"在现实生活中的运用。在六年级上册教材中，安排了学习地名人名拼写规则并运用拼音拼写人名的实践活动，如下图1所示。

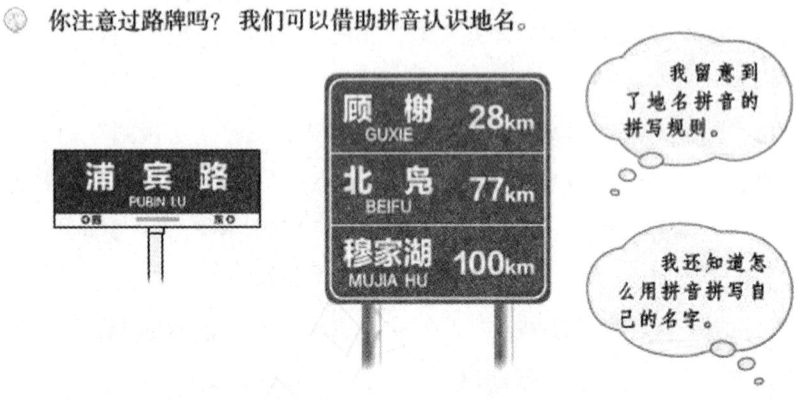

你注意过路牌吗？我们可以借助拼音认识地名。

浦宾路 PUBIN LU

顾榭 GUXIE 28km
北凫 BEIFU 77km
穆家湖 MUJIA HU 100km

我留意到了地名拼音的拼写规则。

我还知道怎么用拼音拼写自己的名字。

图1

这一实践活动，从生活中随处可见的路牌引入，引导学生关注生活中无处不在的拼音，强调拼音的应用价值。在教材呈现的路牌中，有些字比较生僻，如"榭""凫"，学生可以运用已有的拼音知识，拼读词语，并借助拼音认识地名中的汉字，强化拼音作为"注音工具"在生活中帮助识字的功能。与此同时，还提示学生"留意地名拼音的拼写规则"，比如，要分词连写；路牌标识全部采用大写字母；地名拼写不能夹杂英文，如"浦宾路"的路名拼写是"PUBIN LU"而不是"PUBIN ROAD"，"穆家湖"的路名拼写是"MUJIA HU"而不是"MUJIA LAKE"，引导学生关注拼音的拼写规则，有初步的辨别正误的能力。

在活动中，还借助学习伙伴的话"我还知道怎么用拼音拼写自己的名字"，提示学生姓和名分写、姓和名的开头字母大写等人名拼写规则，让学生尝试学习简单的拼写。通过"拼写自己的名字"，将拼音的使用与学生的日常生活建立起紧密联系，使学生进一步体会拼音作为"拼写工具"的应用价值。

在中高年级语文教学中，还鼓励学生基于实际需求在生活中使用拼音。比如，在电脑上录入自己的习作与别人分享，在手机上输入信息与别人交流……这些生活场景大多需要使用拼音输入法。中高年级学生已经有了较为丰富的词语积累，在打字的时候，会自觉地以词为拼写单位、以"分词连写"的方式输入拼音，因此可以在实际应用中不断提升使用拼音拼写汉语的能力。

小学语文教材的拼音内容编排，以及小学阶段的拼音教学，基于推行《汉语拼音方案》的需要，基于不同年龄儿童的认知规律，在不同年龄段安排了不同的学习重点，分步实施，逐步提升，力求为学生打好拼音基础。有专家曾经在某南方方言区做过《汉语拼音方案》推行情况调研，结果显示绝大多数人在使用手机社交软件时，用的都是拼音输入法，这意味着即使在普通话基础不太好的方言区，人们也能使用拼音拼写普通话，借助拼音与别人进行书面交流。这一事实从一个侧面证明，小学阶段的汉语拼音教学，为学生打下了较好的拼音基础，为人们熟练地在生活中运用拼音提供了必要的支持，使得人们能够自如使用拼音这一"拼写和注音工具"，满足不同生活场景使用拼音的实际需要。

作者简介

徐轶，人民教育出版社副编审。主要研究方向：小学语文教材研究，小学语文教学研究。

如何在语文教学实践中培养学生"语言建构与运用"的素养

王 岱 北京市第八十中学

非常感谢北京语言大学给我提供这样一个机会。感谢在哪里？第一层是见到了语言学界的前辈，得到很好的学习机会。第二层是个意外的收获，我见到了我13年前的学生，那位正在照相的是我2003级的学生——饶高琦，到今年毕业13年了，在这13年中没有见过面，但是会时时想到。

不知学生们怎么知道了我的生日，在那一天，他们给我寄来一把伞，伞上写着他们的名字和祝福。我现在还在用这把伞，所以一打开伞，我就会想到这些学生。记得高琦刚毕业就写过一篇文章，发在他的博客上叫《怀念王岱》，好多人看了题目后就开玩笑说："你看你的学生现在就开始'怀念'你了。"

这说明一个什么问题？语言是语境中的语言。我理解我的学生，因为他对我感情太深了，所以他刚离开中学校门就开始想念我了，而且高琦在文章中还提到为什么叫王岱，直呼其名？"因为没听说过王老师有字，再有称先生、称老师不如称王岱来得亲切""因为王老师是一个纯粹的知识分子，所以我称她王岱她会很高兴"，我记得他这篇文章上有这样几句话。从这里能看出语言应放在语境中去理解。这就是实实在在的"语言建构与运用"的素养。

我是一线老师，很荣幸参与了课标的修订。我在想一线老师该切实地做点什么？所以今天的发言就讲两点：一是对课标的理解；二是教学实践与探索。

课标规定的语文核心素养有四个方面，"语言建构与运用"是核心中的核心。"语言建构与运用"是指什么？"语言建构与运用"是指学生在丰富的语言实践中，通过主动的积累、梳理和整合，逐步掌握祖国语言文字特点及其运用规律，形成个体的言语经验，在具体的语言情境中正确有效地运用祖国语言文字进行交流沟通的能力。在这里谈的最重要的一点就是"在丰富的语言实践中"，不是单纯地去讲知识，而是要放到语言学习中、语言活动中、语境中去学习语言。

怎样去落实素养？这就要通过语文活动。语文活动包括三个方面：阅读与鉴赏、表达与交流、梳理与探究。围绕这三个方面去落实核心素养。课标在语文课程中设置了18个任务群，这是这次课标修订的一大贡献。课标强调，任务群整合学习情境、学习内容、学习方法和学习资源，引导学生在运用语言的过程中提升语文素养。语文学习任务群重点强调学生们的自主学习、合作学习、探究性学习。这种学习方式跟语文学科的性质相吻合，强调实践性和综合性。实际上，上一版课标已经在强调学生的自主学习，但是十多年过去了，情况可能还没有完全地好转或者根本地变化。任务群的提出，对以老师讲为主，学生的学落实不到位的教学现状是一种冲击。

"语言积累、梳理与探究"是课标18个任务群中的一个。该任务群贯穿必修、选择性必修和选修课程，说明课标把语言的学习已经放到了重中之重的位置。课标规定，积累、梳理要有系统、有计划，要有步骤地、持续地进行。实际上不仅是高中三年或者基础教育十二年要学习语言，语言的学习要伴随终身，应该是持续性的。课标还规定，该任务群的课时分配或集中安排或穿插在其他学习任务群中，同时该任务群应贯串其他所有的学习任务群，跟其他学习任务群有机结合。此外，该任务群的教学还要重视过程的典型性，注重发展语感，增强对语言规律的认识，不追求知识点的全面与系统，切忌生硬的灌输一些语言学的条文。

我参与课标修订工作三年，从 2014 年开始到 2017 年 12 月颁布，这三年的确是学习的过程，我也愿意把我学习的体会落实到教学中来。在这里举几个教学中的例子。

首先是把语言学习作为单独的任务进行学习。这是首师大蔡可教授设计的专题，我也教过这个专题。这个专题是"为语言健康做体检"，包括认识语言的魅力、语言现象调查、语言病理分析、网络流行语诊断、提出改进方法这几个环节。这个专题包括一些语言专题性的文章和许多的语言应用的设计。该专题是以学生的自主学习为主进行的。学生一边学、一边去实践。学生对专题的反映不错，在"网络流行语诊断"这个环节，学生做了一些专题的小研究，梳理了网络语言的优势与劣势和网络语言在传播过程中产生的问题，很有意思。

其次是把语言学习穿插在其他任务群中落实。比如说，我为学生设计了一个"左传"选读专题。学习任务包括：分别用一个成语概括文中人物的特点，翻译句子，梳理这一专题所涉及的外交辞令，梳理本专题中你认为最重要的语言知识。这都是学生在随文学习中解决的语言学习问题。再比如说文章中出现了几个"于是"，要求学生梳理"于是"在古代汉语中的意义和用法。像这样任务一定要在语文的学习中落实语言的学习，不能抛开语言环境去做。又比如，要求学生为文中的人物写一副对联，要求学生分析哪个人物的语言最具有说服力，请学生对此进行赏析，要求学生梳理本专题中最重要的语言知识，要求学生把不懂的地方画出来，并通过工具书解决，等等。"左传"

最后一个小专题是让学生们学句读，因为这些文章都比较短小，学生一般是可以胜任的，必要时会给他们一点注释。此外，还要求学生以自己加标点的体验归纳几条断句的规则，这就是让学生在语言学习实践中梳理规则性的东西，比我们老师直接教给他要好得多。

2010 年我在山东做过一个"我有一个梦想"的演讲专题，给学生补充了 10 篇文章，其中林肯、肯尼迪、约翰逊、奥巴马的四篇演讲形成两组材料，进行比较阅读。利用其中的两篇文章，我布置了这样一项任务："《葛底斯堡演说》是林肯总统为葛底斯堡战役的阵亡将士墓举行落成仪式发表的演讲；《关于小马丁·路德·金之死》是正在竞选民主党总统候选人提名的罗伯特·F. 肯尼迪在马丁·路德·金被刺当天发表的演说。两位演讲者是如何用语言来安慰和治愈听众心灵的？他们的演讲在用词、情感和方法上有什么不同？"因为前者是安慰那些阵亡将士的战友或者亲人，后者是安抚现场的听众，两位演讲者在用词、情感上的拿捏肯定会有所区别的。我让学生们学完这个专题的文章之后模仿写一篇《我也有一个梦想》，写完小组讨论修改的时候，我为学生列了文章修改清单，其中包括：从语言方面考虑是否站在听众角度选择合适的语气和语调，有没有与文章一贯语调存在冲突的地方，表达主旨的句子是否反复出现，有没有运用增强鼓动性的修辞，有没有过渡段、过渡句。这些都是让学生在语言实践中去学语文。

再比如说最近做的一个叫"铭记历史，珍爱和平"的专题，结合抗战胜利 74 周年，让学生编辑纪念专刊，学习新闻。所用的材料有消息，有通讯，有采访稿，有新闻评论，我把它们整合到一个专题，围绕主题反思历史、铭记历史、珍爱和平。其中涉及语言的，如浏览有关"二战"内容网页，比较网络作品与纸媒作品，观察思考不同媒介语言文字应用现象，梳理并探究在信息获取、呈现与表达上的异同点，这就是对语言的一种比较学习。

过去还做过一个"战国四公子"的专题，其中有一个学习任务:"从'战国四公子列传'自主阅读中积累了哪些语言现象和文言文的阅读方法?有什么体会?"在这里强调自主梳理、自主建构自己的知识系统。强调的是学生在语境中学习,在形成语感基础上梳理、分析语言素材,主动反思和梳理文言文的阅读方法和学习经验,在文言文阅读实践中学会阅读,逐步形成自己富有个性的文言文学习方式,最终指向语文核心素养中的"语言建构与应用"。为什么设置这个学习任务?我有自己的一种思考。可以看一看学生在学完专题之后写的反思:"在学习过程中必须积累一些阅读方法,对我来讲最重要的方法是'望文生义',读一句话,即使中间有少数不知道意思的字词也要猜出来,等读完文章之后再去查,既提高了阅读能力,也积累了文言知识。还有一点收获是积累了许多成语典故,从文言文中能读到大量的原汁原味的东西,很多都生动有趣。若我们能有意地积累比老师'填鸭'管用得多。"这就是来自学生的感受。我当时也写了一段反思。为什么要这样去教语文?就是想让学生在自主阅读中摸索出文言文阅读的方法,学生在梳理整合语言知识和言语活动经验的过程中,逐渐提升他的语言积累和语言建构的语文素养。

我想讲的就是这些。作为一名一线老师,在这里我想说,我们的语文课程中,语言的学习都是落实到具体的课堂上的。培养学生的语文素养,我们需要一点点去做,落实到行动上。

作者简介

王岱,北京市第八十中学,语文特级教师,普通高中语文课标修订组核心成员。主要从事:高中语文教学。

我国少数民族地区国家通用语言文字规范教育的状况与对策[*]

——以新疆阿克苏地区为例

童志斌　浙江师范大学教师教育学院　新疆阿克苏教育学院

浙江省对口援助的是新疆阿克苏地区，属于南疆地区。浙江省有两个重要的援疆教育项目。第一个项目叫"浙江省对口援助阿克苏地区中小学双语教师培训工程"，从2010年开始浙江省投了好几个亿的专项资金，培训了4700名中小学少数民族老师，主要是35周岁以下的，每个学员脱产学习两年。这项工程已经告一段落，理论上这批老师国家通用语言文字教育已经合格过关了。2017年进入第二项工程，我本人带领20名浙江老师负责的就是这项工作：2017—2020年浙江省对口援助阿克苏地区中小学教师教育教学能力的提升工程。意思是国家通用语言文字已经没问题了，接下来的任务是提升中小学教师教育教学能力。

不过，从实际情况看，这些少数民族教师学员仍存在突出问题，国家通用语言文字水平并没有真正过关，尤其是课堂教学中国家通用语言文字的运用能力有待提升。

一、新疆少数民族同胞在国家通用语言文字教学方面存在的问题与困难

（1）"点"上的情况。从具体实例当中我们可以充分感受到，少数民族同胞在国家通用语言文字学习与应用中出现的问题，跟以汉语为母语的其他地区的情况大不一样（见图1）。

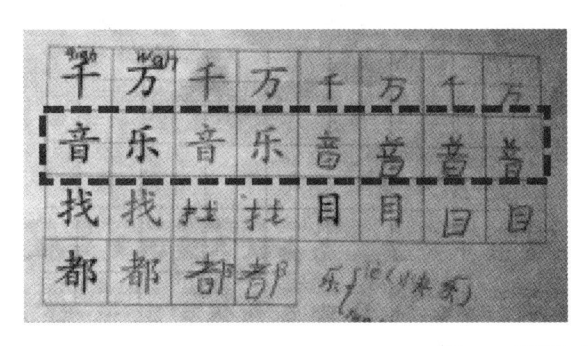

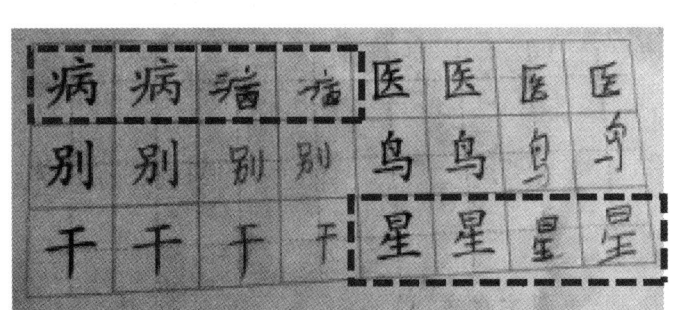

图1　"音""病""星"字的书写讹误

图1出现的文字书写的讹误，是少数民族学生对照书本抄写过程中出现的。左侧"拼音"的"音"，第一个是正确的，后面三个上面都多了一点。右侧"病"字、"星"字则都是错的。这种讹误现象在汉语为母语的学生当中是不太会遇到的。这是少数民族学生的国家通用语言文字水平情况。

---

[*] 本文系根据2019年北京语言大学中国语言文字规范标准研究中心"语文教育领域语言规划研讨会"上的报告整理而成；系全国教育规划课题"新疆少数民族教师在国语教育推进中的新挑战、新作为研究"（课题批准号：XMA180284）的阶段性成果。

下面看少数民族教师的情况。阿克苏地区的中小学语文老师，汉族与少数民族都有，绝大部分是汉语言文学专业的。

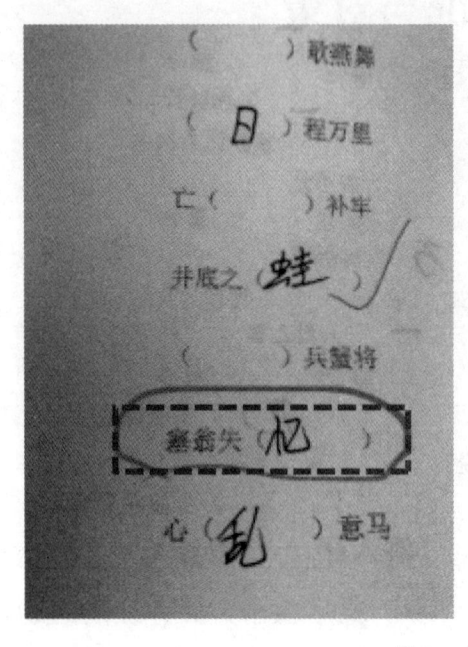

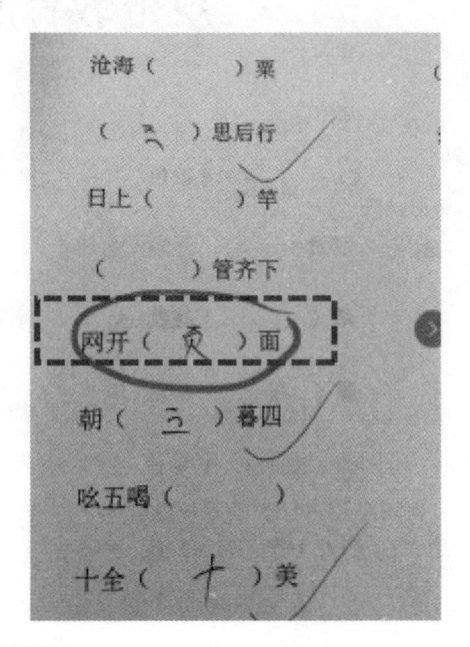

图 2　成语识记的讹误

大家看图2，左边是"塞翁失马"，这位语文老师填的是"塞翁失忆"；右边的"网开一面"，填写的是"网开页面"。这些文字讹误的出现，表明少数民族语文老师对于汉语当中特别重要的成语的掌握，存在相当明显的漏洞。许多相当常见，在汉语作为母语的同胞看来是耳熟能详、家喻户晓的成语，他们还很陌生。

我们组织过一个培训学员（全部为在职的中小学语文、数学老师）的作文竞赛，让学员写《我成长的故事》。我们来看一下，这是其中获奖的一位学员的作文片段（见图3）。

大家注意到了，这篇作文当中有几个很奇特的错别字。"钻研"的"钻"字右边写成了"石"字，"身体"的"身"字，下半部分是一个"刀"字。还有，像"但我的收获比第一次上的那么不多"这样的表达，也是他们所特有的语法错误现象。

（2）"面"上的情况。让当地少数民族小学语文老师考一份浙江省小学六年级的语文试卷，一共36名学员，结果及格以上的少，低分的很多。让初中老师

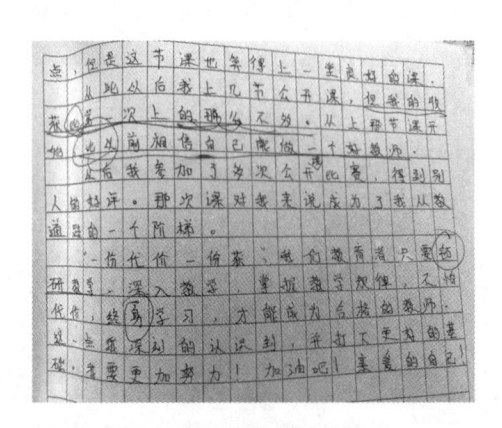

图 3　书面语言表达的讹误

考一份浙江初中语文试卷，满分100分，57名学员参加考试，最高57分，40分以上的很少。我给初中语文班的学员上课，少数民族初中语文教师中，知道岳飞名字的只有12个人，了解岳飞的就更少。有一个古诗文名句填空，一字未填的有42个人。

我们设计了一份国家通用语言文字教育的调查问卷，其中有题目是让在职少数民族教师填写成语。结果，"名＿四海"有将近1/3的人填了"名洋四海"。"刻＿求剑"，有1/10的人填了"刻苦求剑"。

根据我在新疆接触少数民族同胞的经验以及调查的结论，少数民族同胞学习国家通用语言文字，最大的困难在于发音。关于"在运用国家通用语言文字实施教学最主要的困难"的问题，有超过50%的少数民族中小学教师选择的是"国家通用语言文字发音不标准"；其次是"学科专业话语表达困难"，占20%；选择"国家通用语言文字整体水平不够"和"其他原因"的分别是14%和12%。再问"提升老师自身的国家通用语言文字水平最大的困难是什么"，老师们选择最多的是声调区分的困难，高达62%；其次是"书面表达困难"与"拼音发音困难"，分别占19%和16%；选择"汉字书写困难"的有3%。

我拍摄收集了不少新疆少数民族教师说课或者上课的片段作为个案。比如一位初中老师上语文课，课文叫《天然化妆品》。她在黑板上书写课文标题，把"天然"的"然"上半部分写成"抱怨"的"怨"的声旁"夗"的样子。当然，这位老师自己意识到出问题了，她戴上眼镜看了一下，又当众作了修正。——我想，这个老师肯定不明白为什么"天然"的"然"右边是一个"犬"字。

第二位少数民族老师是小学语文老师。她在模拟上课时，跟学生讲解多音字"倒"字。问学生"倒（dào）什么？"，又自答"倒（dáo）垃圾"。她对声调的概念很模糊。她明明在黑板上清楚地写出了"降"字的两个读音"jiàng"和"xiáng"，并相应地写上了"下降"与"投降"作为例词。可是，她又将"投降"读成了"tóu xiàng"。

最后一位是少数民族老师让学生认读卡片上的词语，"湿软"这个词孩子读成了"显软"。"脚丫"这个词，老师明白地告知学生"丫"读第一声，但还是将"脚丫"读成"jiāoyá"，并且领着大家一起大声地读这个错误的发音。

二、新疆少数民族国家通用语言文字教育的思考

前面我们呈现了新疆少数民族同胞国家通用语言文字学习与使用方面存在的问题及困难，这样的情况在当地非常的普遍，绝对不是个别现象。那么，我们该怎么做？我为此也做了一些调查，并有自己的思考。

首先是关于国家通用语言文字推广的思考。对此我们做了一些调查。关于"使用国家通用语言文字实施教学最要紧的措施是什么"的问题，少数民族教师认为"学校国家通用语言文字教学整体氛围要加强"的达38%，显然老师们认为这方面目前做得还很不够；另外认同"提升教师的国家通用语言文字水平"和"提升学生的国家通用语言文字水平"举措的达30%和21%；认为应"制订更高更严格的使用国家通用语言文字标准"的有11%。再问"提升教师国家通用语言文字水平最要紧的措施是什么"，认同"更好的国家通用语言文字交流氛围"也是排在第一位的，达34%。很显然，国家通用语言文字氛围的营造这方面还需要进一步努力。

除了上课时间，少数民族教师在学校里面跟同事、领导交流时，使用国家通用语言文字的频率如何？调查结果整体看起来还不低，使用国家通用语言文字"很多"与"较多"的分别占54%、36%，但还是有10%的老师选择了"一般"和"很少"。而在日常生活中，少数民族教师跟家人交流时使用国家通用语言文字的频率则相对要低很多，选择"很多"的只有14%，一半以上的教师都选择了"一般"和"很少"。也就是说，很多少数民族教师自身具备用国家通用语言文字交流的能力，在学校范围内使用得也较多，但是回到家以后跟家人很少使用。这表明，少数民族地区国家通用语言文字在日常交际过程中的使用需要进一步加强。

再看少数民族学生国家通用语言文字的使用情况。除了上课时间，大多数学生在学校里能使用国家通用语言文字跟老师同学进行交流，选择"很多"与"较多"的分别占25%和36%，选择"一般"和"很少"的分别占30%和9%。与教师的情况类似，学生回到家以后，跟家人交流时使用国家通用语言文字的

频率则较低，78%的学生都选择了"一般"和"很少"。

汉字笔顺是国家通用语言文字规范方面的一个具体问题，汉语母语使用者在汉字笔顺上也存在一些困难，而少数民族同胞在这方面的问题更为突出。少数民族教师中关注汉字笔顺"很多"和"较多"的分别有51%和24%，这一比例并不高。少数民族同胞习惯使用拼音文字，书写不讲究笔顺，在汉字书写时问题就相当突出。比如说，"古代"的"古"字，我们在新疆看到很多的学生和老师都先写下面的"口"（且往往用画圆圈的方式写"口"字），然后再写上面的笔画，这在汉语为母语的地区是难以想象的。

在调查结果的基础上，我认为我们在新疆少数民族国家通用语言文字教育方面应该开展研究，力争有新的作为。2017—2018年我在阿克苏援疆，其间我成功申报了全国教育规划课题，研究新疆少数民族教师在国家通用语言文字教育推进过程中的新挑战和新作为。希望随着课题研究的深入，能够更好更全面地把握少数民族地区面对国家通用语言文字教育时的新要求、新特征、新问题，在此基础上提出新路径、新对策。

考虑到当地的实际情况，我也做了一点力所能及的事情。我自己开了一个微信公众号"小童语文"，初衷是满足少数民族朋友、同胞学国家通用语言文字的基本需求。我给这个公众写的引言是"读标准语音，写规范文字"。"小童语文"里面有三个专栏——标准发音、规范书写、文字源流，由我和我的研究生一起做，每周都会出几期新的内容。

我希望通过努力，在少数民族国家通用语言文字教育与语言文字规范方面可以有更大的作为，为改善少数民族地区的国家通用语言文字水平与基础教育做出更多的贡献。

作者简介

童志斌，教育学博士，浙江师范大学教师教育学院副教授，浙江师范大学附属中学党委副书记、副校长。主要研究方向：语文课程与教学论、中学语文教育方面的教学与研究。

谈谈"深度识字"

程少峰　人民教育出版社　课程教材研究所

我是2013年从北师大博士毕业到了景山学校，中间参与编写了中华书局的文言读本，参与了小学统编本的同步词语手册。因为我的专业和教学实践，所以对中小学的识字问题有所关注，今天就拿出来跟大家一块儿交流学习一下。

大家都知道，小学的一到二年级是识字最集中的时期，大概完成2500字的识字量。小学的三年级上册开始出现了一篇浅近的文言段落《司马光》，三年级下册出现了一篇《守株待兔》。浅近文言文段的出现让原本比较单一的字义，开始逐渐呈现出复杂、立体的特点。到了小学六年级以及初中阶段，文言文的篇目一下子就出现大量的增加。

因此，小学阶段的一到二年级2500字的集中识字阶段，他们所解决的问题往往是比较浅层的单义词或常见字义识字。我今天下午所阐述的观点是，在小学低年级阶段一到二年级之后，在四到七年级阶段，有必要对他们进行相对深度的识字。

我先解释一下，为什么要进行深度的识字。主要还是要解决他们接近文言，便于他们理解文言句段的问题。因为我们知道第二阶段从四年级到七年级所涉及的字义逐渐开始从单义走向多义，同时在给学生讲课过程中，可能对这个字要将引申脉络或者是文化背景方面的知识讲述清楚。这样的任务主要是为了补充小学低年级阶段集中识字对字义重视的不足。

在小学低年级的时候可以逐渐引入汉字的字形知识，但当时他们主要任务是把基本意思掌握，以及扩大识字量。到高年级阶段，文言文阅读中的核心字需要扩展到更深、更广的领域，应该关注到一个字的多义。比如说，《守株待兔》在原来掌握基本义的"走"，现在就要作更深层次的理解。

所以说要补充集中识字的不足，对汉字的形义需要进一步重视和加强。但是我们知道对于小学生和初中的低年级学段来说，深度识字的要求，以及实现的途径，都要以趣味性为主。我觉得要考虑到哪些字要纳入学习的范围之中。首先应该是核心的词，文言学习中最核心，最紧要的词。其次是古今意义差别比较大的，同时还有字理可说的或者是有一些场景、故事可以帮助他们理解汉字形义关系的词。

深度识字呈现的方式应该是怎样的？我觉得应该把一些常见的词语、成语和优秀的诗词、典故融合到汉字的教学中间去，让整个汉字学习的材料既是教本又是学本，同时也是可读之本。因此，我觉得汉字的推广和研究应该并重，应该能够以趣味化讲述特点，贴近学生实际的呈现形式，真正让更多中小学生受益，也为他们将来在接触大量文言文段的时候能够有一个相对从容的过渡阶段。

这是我的主要思路。

当然，我还要补充一点，各个学校不一样，学情也不一样，地区不一样，师资状况也不一样。因此，刚才王宁先生提到系统的汉字知识在中小学教师的培训里边是非常难的点。因为系统的汉字知识不是很快能补上来的，也不是通过一两次讲座就能教会的。因此，王先生强调在师范类的本科阶段一定要对师资进行很好的培训，就是增加他们的汉字系统的基础课程的设置。我觉得这是非常根本性的举措，把这些系统化、科学化的理念传递给一线的老师，才能够真正在基础教育领域产生实质性的作用。

通过一两次的讲座，可能对于老师来说，只是一个简单、粗浅的接触，对于学生来说，可能受益就更少。因此，我在实际的教学中间尝试一些新的办法。比如说，以核心字带动学生文言文的阅读。

原典的带读，初中到高中阶段进行《史记》《古文观止》等经典文言篇目的带读，特别是有趣的《史记》选篇，带读十篇以后可以尝试让学生自己阅读。在阅读的过程中不断重现10次、20次的常用词，教师引导，学生逐渐加深理解，掌握它们的常见意思，并在陌生的文本中可以进行有效迁移，而不仅仅是停留在老师教一篇会一篇的状态。

文言文里面的很多常用词就是常用字，王力先生在《古代汉语》中选了1086个常用词进行讲述。文言常用词应该是造成文言阅读最大的障碍。如果能够从1086个常用词中选取和测查、跟踪学生在四五年级到九年级阶段中最核心的常用汉字，并进行形音义的系统梳理，学生的文言文阅读就会事半功倍。当然，并不是所有义项都要给他们梳理清楚，而是选择那些紧要的、必需的、有趣的义项。通过一些像糖衣一样的包裹，然后用这个年龄段的学生乐于接受的形式，让他们乐于去读文言文，接触文言文，喜欢文言文，不再单纯只是知识性地讲述。学生们会在简短、有趣的人物传记里自然而然地提高自己的文言字词能力。比如说，韩信、吕后、司马相如、冒顿、项羽、刘邦等精彩有趣的故事段落。这样，以亲近的形式、贴近学生兴趣的内容，让他们真正能够以常用字意义拓展和文化背景关照为核心进行深度识字和文言阅读。我觉得这是非常有必要的。

今天我的发言就是这些。谢谢大家！

作者简介

程少峰，人民教育出版社辞书室高级编辑，博士。主要研究方向：文字学、辞书学。

周边语言文化与民族语文应用研究

云南金平傣文语音的规范化问题*

刀 洁 周 焱 王玉清 云南民族大学民族文化学院

[摘 要] 金平傣文又称"傣端文"或"傣皓文",是一种源于印度梵文字母系统的拼音文字,也是跨境自称"傣端"或"傣皓"的傣族白傣支系使用的民族文字。在我国,主要使用于云南省红河州金平县傣族地区;在国外,越南、老挝、泰国乃至法国等的傣族也使用。该文字由于创制的年代久远,与现行口语在声母、韵母、声调等方面都出现了一定的差异。本文通过对金平傣文使用情况的实地调查,根据现行口语的语音特征,对其语音的规范化问题进行探究,提出了规范化的标准和原则,力求规范化后的傣文语音能真实反映现实的语言实际。

[关键词] 金平傣文;语音;规范化

一、金平傣文规范化的重要性、必要性和可行性

我国的傣族有126万余人(2010),① 主要聚居在云南省西南部的西双版纳傣族自治州、德宏傣族景颇族自治州等边疆地区,有一部分杂居于内地的普洱、临沧、保山、丽江、大理、玉溪、红河、文山、楚雄等地。四川省金沙江沿岸一带的会理县、盐边县等地也有少量傣族分布。傣族有自己的语言和文字,是一个多方言、多文字的少数民族。傣语属于汉藏语系壮侗语族壮傣语支,分为西双版纳、德宏、金平和红金4个方言。② 傣文有5种不同的文字形体,即西双版纳傣文(也称傣泐文)、德宏傣文(也称傣纳文)、金平傣文(也称傣端文或傣皓文)、勐定傣文(也称傣绷文)、新平傣文。③ 这些文字都属于方言文字,前4种文字虽然都是从梵文字母脱化而来,但形体却不相同;④ 新平傣文则是外国传教士所创制的文字。金平方言有自己的特殊性,与傣语其他方言无论语音、词汇、语法还是文字都不尽相同。⑤

---

* 基金项目:2019年云南省社科基金重点项目"云南金平傣文研究"(项目编号:ZD201916)。
① 何少林:《中国少数民族大辞典·傣族卷》(上、下),云南民族出版社2014年版。
② 周耀文、罗美珍:《傣语方言研究》,民族出版社2001年版。
③ 和丽峰、熊玉有:《云南少数民族文字概要》,云南民族出版社1999年版。
④ 张公瑾:《傣族文化研究》,云南民族出版社1988年版。
⑤ 刀洁:《金平傣语概况》,《民族语文》2005年第2期。

文字是语言的书写符号系统，也是人与人之间交流信息的视觉符号系统。其作用就是要能灵活地书写由声音构成的语言，使信息传到远方、传到后代。金平傣文是用于记录傣语金平方言的书写符号系统，在国内主要分布于云南省红河哈尼族彝族自治州金平苗族瑶族傣族自治县的傣族地区，使用人口有20689人。① 由于当地傣族自称 tai⁴³ dɔn⁵⁵ "傣端"或 tai⁴³ xa:u³³ "傣皓"，均为"白傣"之意，故该文字又称为"傣端文"或"傣皓文"，亦即"白傣文"。越南、老挝、泰国、法国也有人使用，其中，越南使用人口最多，有100多万人，主要分布于莱州省的琼崖和山萝省的北安、扶安等县；② 老挝主要集中在老挝北部到波里坎赛省一带；③ 泰国也有白傣分布。越南、老挝、泰国都是"一带一路"沿线国家，我国与这些国家分布着许多相同的民族和语言。④

金平傣文由于使用地域狭窄，书籍多靠国外（主要是越南）输入，加之使用人员的文化程度不同等原因，无论在字母形式还是书写拼合上都出现了不统一、不规范的现象。金平傣文在用字上有越南的勐莱用字、勐梭（封土）用字等的区分，长期以来，一直以手抄形式沿袭下来，使用的范围也多在民间。1982年，云南民族学院的相关傣文专家曾到金平县调查金平傣文。同年，金平县民委与当地学区办公室一起开办了金平傣文师资培训班。随后在那黄、新勐、田头等开办了4所傣文学校，并在旧勐、新勐、顶岗、金水河等十余个傣族村寨开办了傣文扫盲班。1994年以后，在金平县勐拉乡教管会的主持下，又在一些傣族村寨进行扫盲，当地的傣文教师和一些熟悉傣文的老人都积极支持这项工作，曾多次手工刻印傣文课本，组织夜校的傣文教学，一度掀起学习傣文的热潮。但由于傣文的手写体因人而异，形体不统一，有的字又是一音多形，没有形成规范字体，加之文字与口语不一致等原因，给傣文的传承带来了极其不利的影响，因而金平傣文并未得到迅速的广泛普及和应用。然而，金平傣文毕竟是一种跨境傣族共同使用的文字，承载着该族群的社会历史和文化习俗，为了保护与传承优秀的民族文化，金平傣文的规范化势在必行。

随着"一带一路"战略的实施，尤其是2015年教育部、国家语委"中国语言资源保护工程"项目的启动，有力推动了对少数民族语言的抢救与保护。傣语金平方言被列入2015年的语保项目得以立项研究并已结项，这是该方言首次作为专项研究获准的立项。2019年5月，在金平县委、县政府的大力支持下，金平县文化馆承办了"首届金平傣文规范化学术研讨会"，会议围绕金平傣文的规范化、标准化、信息化等问题进行了讨论。来自云南省民语委、云南民族大学等的傣族专家以及红河州的相关专家、学者对如何解决金平傣文书写不规范、文字和口语不一致等问题达成了共识，规范化问题取得了初步的成效。同年7月，由云南民族大学申报的"云南金平傣文研究"被列为云南省的重点项目获准立项，这给金平傣文的发展研究提供了更高的平台。目前，金平傣文已成功申报为省级非物质文化遗产项目，并有省级、州级、县级等非遗项目传承人，成立了2个傣文传习所，为金平傣文的保护、传承和发展发挥了积极的推动作用。尤为值得欣慰的是，金平傣文计算机输入法技术的研发获得成功，使金平傣文步入了数字化的时代。这不仅是金平傣文历史上的重大突破，也为金平傣文的深入研究和传承发展的可行性提供了必要条件。

二、金平傣文语音规范化的标准和原则

规范是指约定俗成或明文规定的标准，规范化即使合于一定的标准。根据我国宪法"各民族都有使用

---

① 此数据来源于金平苗族瑶族傣族自治县统计局2019年3月的统计数据。
② 兰强、徐方宇、李华杰：《越南概论》，世界图书出版广东有限公司2015年版。
③ 郝勇、黄勇、覃海伦：《老挝概论》，世界图书出版广东有限公司2016年版。
④ 黄行：《我国与"一带一路"核心区国家跨境语言文字状况》，《云南师范大学学报》2015年第5期。

和发展自己的语言文字的自由"的条文，党和国家为了保证少数民族享有使用和发展自己的语言文字的自由，采取了一系列的措施。其中包括了开展少数民族语言的调查研究，帮助少数民族创造和改革文字。① 金平傣文的规范化实为文字改革工作的具体体现。文字改革有两种情况：一种是在原有字母的基础上加以充实提高；另一种是采取新的字母系统的改革。金平傣文的规范化属于前一种文字改革，即在原有字母的基础上加以充实提高。从理论上说，"语言文字规范是语言文字规律的体现。制定语言文字规范，就是用文字表述已经发现的语言文字规律。"② 语言文字规律包括三个方面：一是语言文字本身的结构规律；二是语言文字的使用规律；三是语言文字的发展演变规律。其中，语言文字本身的结构规律涉及语音、语汇、语法的结构规律和文字的构造规律等。

制定金平傣文规范化的标准和原则，也要反映上述的语言文字规律。首先面临的问题就是语音规范化的问题。金平傣文语音的规范化涉及两点：一是标准音的选择；二是文字音和口语音的确定。

（一）金平傣文标准音的选择

金平傣文是用来记录傣语金平方言的，但由于不同的地方其语音有不同的特点，最为明显的差异表现在有的地方尚保留原有的语音特点，有的地方则出现了音变的现象，如元音的高化等。常见的元音高化现象如舌面前不圆唇次高元音[e]高化为舌面前不圆唇高元音[i]，舌面后圆唇次高元音[o]高化为舌面后圆唇高元音[u]，央元音[ə]高化为舌面后不圆唇高元音[ɯ]。随着元音高化的出现，有的词字音消失，有的则出现了同音词，整个语音系统发生了变化。如"妻子"ᨾ[me⁴³]，元音高化后变成了ᨾ[mi⁴³]，与"有"ᨾ[mi⁴³]发生了同音，"有妻子"ᨾᨾ[mi⁴³me⁴³]就变成了ᨾᨾ[mi⁴³mi⁴³]，两个音完全相同；又如"去"ᨾ[mə⁴³]元音高化变成ᨾ[mɯ⁴³]，与"手"ᨾ[mɯ⁴³]发生了同音；再如"丈夫"ᨾᨾ[pho³³]元音高化变成ᨾ[phu³³]，等等。如果文字按此音来记录，势必会造成混乱。因此，必须选择一个语言点作为该方言的标准音点。按照一般的原则，要选择政治、经济和文化比较发达，语言的代表性比较强的地域方言作基础方言。由于金平方言使用人口不多，其方言内部的词汇和语法基本一致，最大的差异主要体现在村落语言的语音上。通过对不同村落语音的比较，我们认为勐拉镇旧勐村的语音作为标准音更具有代表性。其依据是：①从政治上，旧勐村是历代傣族最高统治者刀氏土司的居住地，具有一定的历史意义；②从经济和文化上，旧勐村的地理位置位于金平傣族人口最为集中，同时也是经济、文化最为发达的中心地带，具有地缘优势；③从语音上，旧勐村的语音基本保留了传统的语音特点，具有较强的代表性。根据上述条件，旧勐村无论是从政治、经济和文化上，还是从语音特征上都具有其他地区无法替代的特性，因此，以此村落的语音作为金平傣语的标准音更为适合。

（二）文字音和口语音的确定

长期以来，金平傣语文字音与口语音的差异也对我们提出了文字规范化的要求。根据语言的发展演变规律，语言的产生比文字早，语言的发展演变也比文字快，因此对于表音文字来说，往往会出现口语音和文字音不一致的现象，这一现象在金平傣语中尤为明显。文字音反映了文字创制时代的语音，而口语音反映的则是现行的语音。

1. 文字的语音

金平傣文的语音主要表现在如下几个方面：

（1）声母分清浊，有[p]和[b]、[t]和[d]

---

① 傅懋勣：《我国少数民族创造和改革文字的问题》，中国社会科学出版社1999年版。
② 李宇明：《信息时代的语言文字标准化工作》，《语言文字应用》2009年第2期。

的对立，如 ꪜꪱ=［pa⁵⁵］"森林"和 ꪝꪱ=［ba⁵⁵］"肩"，ꪔꪱ=［ta⁵⁵］"背篓"和 ꪒꪱ=［da⁵⁵］"骂"。

（2）辅音韵尾有完整的鼻音韵尾［-m］［-n］［-ŋ］和塞音韵尾［-p］［-t］［-k］。

（3）声调有8个，其中有6个调为舒声调，2个调为入声调。舒声调1至6调的调值分别是33、55、25、43、52、31。入声调第7调的调值与舒声调第2调的调值相同，都是55调；入声调第8调的调值与舒声调第4调的调值相同，都是43调。

2. 口语的语音

金平傣语的口语语音主要表现在如下几个方面：

（1）声母清浊对立消失，清声母［p］和［t］保留，浊声母［b］和［d］消失，口语的声母变少。［b］合流到［v］声母，如"肩"ꪝꪱ=［ba⁵⁵］变成了ꪊꪱ=［va⁵⁵］，与ꪊꪱ=［va⁵⁵］"泼洒"读音相同；［d］合流到［l］声母，如"骂"ꪒꪱ=［da⁵⁵］变成了ꪎꪱ=［la⁵⁵］。

（2）塞音韵尾［-k］有部分变异现象。长元音后的［-k］除了少量的象声词外，大都已经演变为喉塞音［-ʔ］。如 ꪢꪱꪀ［ma：k⁵⁵］"水果"已演变为 ꪢꪱ̃ ［maʔ⁵⁵］。①

（3）声调有语流变调现象，声调调值增加。如语流中有33调变为53调，43调变为45调，31调变为51调等的变调现象。变调的情况较为复杂，大都属于条件变调。②

金平傣语文字音和口语音的差异使文字和口语难以统一，若按传统文字记录语言的方法，就会出现文字的读音与现实口语的读音不符的情况，而且文字还有一音多形的现象，例如："五"［ha²⁵］既可以写成 ꪬꪱ，也可以写成 ꪬ；"够"［pɔ⁴³］既可以写成 ꪜꪮ，也可以写成 ꪜ。反之，若按口语的音，有的音又找不到相对应的文字，例如："客人"［khɛʔ⁵⁵］在文字上就没有对应的音，因为文字中没有表示喉塞音［ʔ］的符号。同时，还存在不同方言点同一个词发音不一样的情况。如何解决这一矛盾，也给我们带来了难题。文字改革的目的是要方便文字使用者学习和应用，因此，对文字进行改革和创新也是很有必要的。通过进一步的调查研究，我们认为，对于一音多形的字可只保留其中一个常用的字形；对于传统没有的文字，可根据实际需要增加新的文字符号，如尾音变异后产生的字音可采取这样的方式。在这一点上，当地的傣族群众认同性很高，也达成了共识。

三、金平傣文语音规范化的内容

金平傣语是有声调的语言，其音节结构由声韵调构成。金平傣文的语音规范化包括声母、韵母和声调三方面的内容。

（一）声母的规范化

金平傣文有44个声母，传统称为 ꪔꪮ ꪣꪵ ［to³³ mɛ⁵²］"母字"，分为高音组和低音组两类。在传统文字上，高音组的字母称为 ꪔꪮ ꪝꪱꪨ ［to³³ bau³³］"轻字"，低音组的字母称为 ꪔꪮ ꪬꪙꪀ ［to³³ nak⁵⁵］"重字"。有22个音位，按传统的排列其顺序为：ʔ、k、x、ŋ、ts、s、j、t、th、n、p、ph、m、f、v、l、h、d、b、k、kh、ŋ。每一个音位分别有高、低音两个字母。在现实口语中已经很少有b和d音了。其中b一部分归到v，另一部分归到m里；d则归到了l里。如表1所示。

---

① 傣文"ꪢꪱ̃"中的符号"~"为新增符号，用于拼写塞音韵尾-k变异为喉塞音尾-ʔ的音节。
② 刀洁：《金平傣语概况》，《民族语文》2005年第2期。

表 1

声母	金平傣文	文字音	口语音	汉义
b	ᩅᩫ	bau³³	vau³³	轻
b	ᩅᩫ	bau⁵⁵	mə⁵⁵	不
d	ᨯᩥ	di³³	li³³	好
d	ᨯᩣᩅ	da:u³³	la:u³³	星星

注：b 的演变除了否定副词"不"等用 m 以外，其余多演变为 v。

此外，圆唇化的语音也消失了。在文字中有圆唇化 ᨠᩅ [kw] 和 ᨡᩅ [xw] 的现象，但一般都不放在字母表里，用到的时候就在该字母之后加上圆唇的声母 ᩅ [w]。① 现在一些老年人的口语中也会带有圆唇化的音。如表 2 所示。

表 2

声母	金平傣文	文字音	口语音	汉义
kw	ᨠᩅᨦ	kwa:ŋ³³	ka:ŋ³³	鹿
kw	ᨠᩅᨦ	kwa:ŋ²⁵	ka:ŋ²⁵	宽
xw	ᨡᩅᨶ	xwa:n³³	xa:n³³	斧头
xw	ᨡᩅᩥ	xwa:i⁴³	xa:i⁴³	水牛

从目前看来，随着汉语借词的借入，kw 和 xw 两个音位又出现了，但多用于汉语借词。此外，还增加了一些原文字里没有的语音：如 khw、tsw。如表 3 所示。

表 3

声母	金平傣文	例词	汉义
kw	ᨠᩅᨦ	kwa:ŋ⁵⁵	光
kw	ᨠᩅᨦ	kwa:ŋ⁵²	广
xw	ᨡᩅ	xwa⁵⁵	花
xw	ᨡᩅ	xwa³¹	华
khw	ᨡᩅ	khwa⁵⁵	夸
khw	ᨡᩅ	khwa⁵²	垮
tsw	ᨧᩅ	tswa⁵⁵	抓
tsw	ᨧᩅ	tswa⁵²	爪

从以上的情况来看，金平傣语的声母除了前述的 22 个音位之外，加上 kw、khw、xw、tsw 这 4 个圆唇化声母，就有 26 个声母。但现行语言里，一般都不使用浊音声母 b 和 d。这 26 个声母分别是 ʔ (ᩋ, ᩍ)、k

---

① 字母"ᩅ"单用时读唇齿音 [v]，作圆唇化辅音时读双唇音 [w]。

(n, ɲ)、x (ɕ, ɧ)、ŋ (ɧ, ɓ)、ts (ʂ, ɱ)、s (ɳ, ɳ́)、j (ɕ, ɣ)、t (ɱ, ɲ)、th (ɣ, ɯ)、n (ɑ, ʊ)、p (ɣ, ɳ)、ph (ɤ, ɳ́)、m (ɳ, ɳ́)、f (ɤ, ɳ́)、v (ɯ, ɔ)、l (ɣ, ɣ́)、h (ɑ, ɔ)、d (ɕ, ɧ)、b (ɣ, ɳ)、kh (ɕ, ɣ)、tsh (ɯ, ɤ)、ŋ̊ (ɧ, ɳ)、kw (ɳɔ, ɳɔ)、khw (ɕɔ, ɳɔ)、xw (ɕɔ, ɧɔ)、tsw (ʂɔ, ɱɔ)。圆唇化的音，文字上可用 ᵒ [w] 加在声母之后来表示，因此，字母表中只需列出 22 个字母。为了便于学习，把字母表按高、低两组排列如下（高音组的音读 33 调，低音组的音读 43 调，每个字母都用元音 [ɔ] 与之相拼）：①

高音组　　　　　　低音组

ᵊ　　　　　　　　ᵊ

[ʔɔ³³]　　　　　　[ʔɔ⁴³]

n　　ɕ　　ɧ　　ɲ　　ɧ　　ɓ

[kɔ³³] [xɔ³³] [ŋɔ³³] [kɔ⁴³] [xɔ⁴³] [ŋɔ⁴³]

ʂ　　ɳ　　ɕ　　ɱ　　ɳ́　　ɣ

[tsɔ³³] [sɔ³³] [jɔ³³] [tsɔ⁴³] [sɔ⁴³] [jɔ⁴³]

m　　ɲ　　ɑ　　ɲ　　ɳ́　　ʊ

[tɔ³³] [thɔ³³] [nɔ³³] [tɔ⁴³] [thɔ⁴³] [nɔ⁴³]

ɣ　　ɳ́　　ɳ　　ɣ　　ɳ́　　ɳ

[pɔ³³] [phɔ³³] [mɔ³³] [pɔ⁴³] [phɔ⁴³] [mɔ⁴³]

ɤ　　ɳ́　　ɣ́　　ɤ　　ɳ́　　ɣ́

[fɔ³³] [vɔ³³] [lɔ³³] [fɔ⁴³] [vɔ⁴³] [lɔ⁴³]

ɑ　　ɕ　　ɣ　　ɔ　　ɧ　　ɯ

[hɔ³³] [dɔ³³] [bɔ³³] [hɔ⁴³] [dɔ⁴³] [bɔ⁴³]

ɕ　　ɯ　　ɧ　　ɕ　　ɯ　　ɧ

[khɔ³³] [tshɔ³³] [ŋ̊ɔ³³] [khɔ⁴³] [tshɔ⁴³] [ŋ̊ɔ⁴³]

（二）韵母的规范化

金平傣文韵母共有 83 个，可分为两类：一类是指传统上所称的 ตัวแม่ [to³³ma:i³³] "符号"；另一类是传统上所指的 ตัวพี่ [to³³phɯ⁵⁵] "配母"。分述如下：

1. 符号

金平傣文所称的"符号"，有 18 个韵母。其构成较为复杂，但形体除了个别外都是以单体形式出现的，且笔画简略。归为符号的韵母有单元音、复合音，还有个别有条件限制的韵母。

（1）单元音

金平傣文单元音韵母有 9 个，分别是：a、i、e、ɛ、ɔ、o、u、ɯ、ə。这些元音单用时不分长短，和其他元音或辅音韵尾结合时，除了 a 分长短外，其余不分长短。即②

o̥ ô ó ᵘo ᵉo oɳ́ o̥ ᵒo ô

[a] [i] [e] [ɛ] [ɔ] [o] [u] [ɯ] [ə]

（2）复合音

这里的复合音是指由短元音 a 分别与元音韵尾 i、ɯ、u 和辅音韵尾 -ŋ、-n、-m、-k、-t、-p 所组合成的韵母，分别是 ai、aɯ、au、-aŋ、-an、-am、-ak、-at、-ap 等 9 个。即

ɓ ᵖo ᶦo ŏ oɳ́ oɳ́ ŏn oɕ ŏɣ

[ai] [aɯ] [au] [aŋ] [an] [am] [ak] [at] [ap]

但实际上，表示符号的字母不只 18 个，而有 22 个。原因如下：

第一，[a] 单用时分为 [a₁] "o̥" [ma:i³³ʔa³³] 和 [a₂] "ɣ" [ma:i³³ʔa²⁵]，其中的 [a₂] "ɣ"

---

① 本文所用的金平傣文计算机字体称为"小睿体"，其字体设计、傣文键盘输入布局和输入法均为金平县融媒体中心罗文斌同志所研发。
② 字母中的符号"○"表示声母所在的位置。

[ʔa²⁵] 只用于拼写高音组第 3 调的字，不带韵尾，例如：🙚 [ha²⁵] "五"。

第二，[ɔ] 单用时也分为 [ɔ₁] "○𐒢" [maːi³³ ʔɔ³³] 和 [ɔ₂] "○̊"[maːi³³ tsam²⁵]，其中的 [ɔ₂] "○̊" [maːi³³ tsam²⁵] 只用于拼写低音组第 4 调的字，不带韵尾，例如：𐒨 [pɔ⁴³] "够"。

此外，还有两个附带使用条件的符号 [u]，分别读为 [u(ŋ)] "𐒥" maːi³³ kuŋ³³ 和 [u(m)] "𐒦" [maːi³³ kum³³]。但这两个符号都只是代表元音 [u]，如果与尾音 [ŋ]、[m] 结合时还需要分别加上表示 [ŋ]、[m] 符号的韵尾 𐒧、𐒨。例如：𐒩𐒧 [suŋ³³] "高"、𐒩𐒨 [tsum³³] "沉"，若用元音 "○," [u] 则可以分别写成 𐒩𐒧 [suŋ³³] "高" 𐒩𐒨 [tsum³³] "沉"。

因此，金平傣文的符号字母共有 22 个。我们可把 [a₂] "𐒫" 和 [ɔ₂] "○̊" 都去掉，只保留 [a₁] "○," 和 [ɔ₁] "○𐒢"；两个附带使用条件的符号 [u(ŋ)] "𐒥" 和 [u(m)] "𐒦" 也去掉，只保留 [u] "○,"，这样，金平傣文的符号就只保留 18 个了。

2. 配母

配母是指金平傣文 9 个单元音（除了 a 为长元音外，其余不分长短）分别与元音韵尾 i、u，辅音韵尾 -ŋ、-n、-m、-k、-t、-p 所组成的 65 个韵母。其中以元音 [i] 收尾的有 6 个，以元音 [u] 收尾的有 5 个，以辅音收尾的有 54 个。配母详见表 4。

表 4

○,√	○𐒢√	○𐒨√	○√	𐒦√	○́√
[aːi]	[ɔi]	[oi]	[ui]	[ɯi]	[əi]
○,ɔ	○̂ɔ	○̆ɔ	uɔ	𐒦 ɔ	
[aːu]	[iu]	[eu]	[ɛu]	[əu]	
○,𐒥	○,𐒩	○,𐒨	○,n	○,𐒦	○,√
[aːŋ]	[aːn]	[aːm]	[aːk]	[aːt]	[aːp]
○̂𐒥	○̂𐒩	○̂𐒨	○̂n	○̂𐒦	○̂√
[iŋ]	[in]	[im]	[ik]	[it]	[ip]
○̆𐒥	○̆𐒩	○̆𐒨	○̆n	○̆𐒦	○̆√
[eŋ]	[en]	[em]	[ek]	[et]	[ep]
u○𐒥	u○𐒩	u○𐒨	u○n	u○𐒦	u○√
[ɛŋ]	[ɛn]	[ɛm]	[ɛk]	[ɛt]	[ɛp]
○𐒢𐒥	○𐒢𐒩	○𐒢𐒨	○𐒢n	○𐒢𐒦	○𐒢√
[ɔŋ]	[ɔn]	[ɔm]	[ɔk]	[ɔt]	[ɔp]

(续表)

ဝင်္	ဝန်	ဝမ်	ဝက်	ဝတ်	ဝပ်
[oŋ]	[on]	[om]	[ok]	[ot]	[op]
ဥင်	ဥန်	ဥမ်	ဥက်	ဥတ်	ဥပ်
[uŋ]	[un]	[um]	[uk]	[ut]	[up]
ဧင်	ဧန်	ဧမ်	ဧက်	ဧတ်	ဧပ်
[ɯŋ]	[ɯn]	[ɯm]	[ɯk]	[ɯt]	[ɯp]
ဪင်	ဪန်	ဪမ်	ဪက်	ဪတ်	ဪပ်
[əŋ]	[ən]	[əm]	[ək]	[ət]	[əp]

但还有一些字出现了部分尾音-k 变异的现象。尾音-k 变异了的字在调值上保持不变，但字音上变得短促。若是高音组的字尾音-k 变异，那该字的声调仍读 55 调，-k 变异为-ʔ。如表 5 所示。

表 5

变异前	变异后	汉义
ma:k[55]	maʔ[55]①	水果
pik[55]	piʔ[55]	翅膀
pek[55]	peʔ[55]	蓝色
vɛk[55]	vɛʔ[55]	扛
lok[55]	loʔ[55]	婶婶
sɔk[55]	sɔʔ[55]	肘子
ʔuk[55]	ʔuʔ[55]	奶奶
tɯk[55]	tɯʔ[55]	蛔虫
phək[55]	phəʔ[55]	芋头

若是低音组的字尾音-k 变异，那该字的声调也仍读原调 43，变异后-k 尾完全消失。如表 6 所示。

表 6

变异前	变异后	汉义
ja:k[43]	ja[43]	难
vek[43]	ve[43]	事情
lɛk[43]	lɛ[43]	交换

① 变异前的元音只有 [a] 带尾音时分长短，其余不分长短；变异后的元音均不分长短。

（续表）

变异前	变异后	汉义
nɔk⁴³	nɔ⁴³	外面
lok⁴³	lo⁴³	烫一下
luk⁴³	lu⁴³	儿女
lək⁴³	lə⁴³	挑选

（三）声调的规范化

金平傣文在创制后相当一段历史时期内，都没有标记声调的符号。根据有关资料分析，在20世纪40年代后，为了精确表达读音才有了声调符号，其声调符号来自京语（越南语）。如前所述，金平傣文使用的最大领域在越南，由于长期的语言接触导致语言间的相互借用，这是语言演变的直接表现。京语有6个声调，5个声调符号。金平傣文有8个声调，其中分为6个舒声调和2个入声调，但只借用了京语其中的两个声调符号［mai³¹ sak⁵⁵］"ˊ"和［mai³¹ hɔi²⁵］"ˇ"，即有效解决了声调的区分问题。这两个声调只用于舒声字里，第1调和第4调以及入声字都不用声调调号，只有第2调和第5调用声调符号［mai³¹ sak⁵⁵］"ˊ"，第3调和第6调用声调符号［mai³¹ hɔi²⁵］"ˇ"。详见表7。

表7 金平傣文声调

调类	调次	调值	声调符号	例词
阴调类	阴平	1	33		[ka³³] 乌鸦
	阴去	2	55	ˊ	[ka⁵⁵] 跑了
	阴上	3	25	ˇ	[ka²⁵] 秧苗
阳调类	阳平	4	43		[ka⁴³] 枷锁
	阳去	5	52	ˊ	[ka⁵²] 价格
	阳上	6	31	ˇ	[ka³¹] 生意
入声类	阴入	7	55		[lak⁵⁵] 聪明；[laʔ⁵⁵] 陌生
	阳入	8	43		[lak⁴³] 小偷

上述尾音-k变异的字，音变调不变。但文字上无法表示出来，我们采取在辅音上增加符号"～"来表示尾音变异的音节，此符号暂读为［maːi³³ ʔaʔ⁵⁵］。例如"水果"［maːk⁵⁵］变异为［maʔ⁵⁵］，"陌生"［laːk⁵⁵］变异为［laʔ⁵⁵］。

从表7来看，金平傣文第2调和第7调的调值相同，都是55调；第4调和第8调的调值相同，都是43调。因此，可以归纳为6个声调调位，即/33/、

/55/、/25/、/43/、/52/、/31/。其中调位/55/包含了舒声调第2调的调值［55］和入声调第7调的调值［55］；调位/43/包含了舒声调第4调的调值［43］和入声调第8调的调值［43］。

其中，前5个均统称为［ma：i³³sam³¹］，有"结束符号"之意，通常用在长篇的故事或诗歌里。最后1个称为［ma：i³³mɛt⁵⁵］，有"完成符号"之意，用在句子之后，表示一句话的完成。

四、特殊符号

金平傣文有一些符号较为特殊，既不是声母，也不是韵母，而是一种固定的特殊符号，专门用来书写某个词或表示句末停顿的符号。这样的符号不多，可分两类：一种是固定字符；另一种是句末符号。

（一）固定字符

固定字符是指用一个特定的符号来表示某一个词的固定书写形式，构成独立使用的独体字。这种固定字符不多，传统文字中只出现在"一、人、月亮、马"4个词中。即

［nɯŋ⁵²］　一　　　［kun⁴³］　人

［bən³³］　月亮　　　［ma³¹］　马

计算机字体根据需要增加了2个类似的独体字。即

［lu⁴³］　孩子　　　［la²⁵］　迟

上述的独体字也可以用声韵调拼合的方式书写，如：（一）、（人）、（月亮）、（马）、（孩子）、（迟）。使用时可根据需要选择使用独特字或声韵调拼合的字。

（二）句末符号

金平傣文一般不使用标点符号，每一句话结束时就在后面标注一个句末符号。但并没有固定用哪一个字符，大多因人而异。有的字符与其说是字，不如说是图画，有的字形类似象形文字。句末符号有如下6个。即

五、结语

综上所述，金平傣文是一种源于印度梵文字母系统的拼音文字，也是跨境自称"傣端"或"傣皓"的傣族白傣支系使用的民族文字。该文字由于创制的年代久远，与现行口语在声母、韵母、声调等方面都出现了一定的差异。加之长期以来均通过手抄方式流传于民间，字体形式因人而异，既没有规范的字体，也没有计算机字体，这对跨境傣族语言文化的传承和发展带来了不利的影响。文字是一个民族进步的标志性特征之一，它对推动民族文化的发展起到积极的作用。尤其是当今数字化、信息化的时代，文字所发挥的作用更加具有不可替代性。为了能更好保护与传承优秀的民族文化，本文通过对金平傣文的实地调查，并根据现行口语的语音特征，对其语音的规范化问题进行了探讨，并提出金平傣文语音规范化的基本原则和标准。具体归纳总结表8。

1. 金平傣文规范字体

以金平县融媒体中心罗文斌同志所设计的金平傣文计算机字体小睿体作为金平傣文数字化、信息化的规范字体。该字体包含了在传统文字符号基础上所设计的字体和为完整记录现行语言而新增的文字符号字体。

2. 金平傣文标准音

以金平县勐拉镇旧勐村的白傣语语音作为金平傣文的标准音。该村落的历史文化、地理位置、语音特点，符合标准选择的一般原则。

3. 金平傣文规范声母

以22个辅音音位44个傣文字母作为金平傣文的规范声母。列表8。

表 8　规范声母

高音组			低音组		
๏			๏		
n	ᮢ	ᮥ	n	ŋ	6
ʂ	m	ᮨ	ʒ	n̪	√
m	ʔ	ᮩ	v	ɯ	ᶣ
√	ᶞ	ᶮ	n̥	n̬	ʍ
ɮ	ʂ	ᶟ	n̬	ɔ	ʏ
ɑ	ᮣ	√	ɯ	ʔ	ʍ
ʌ	ᶧ	ʂ̌	ɰ	ɫ	ʐ

4. 金平傣文规范韵母

以 83 个韵母作为金平傣文的规范韵母。包含 9 个单元音、14 个双元音、60 个带辅音韵尾的韵母（简称"辅音尾韵母"）。列表 9。

表 9　规范韵母

单元音		○,	ô	ŏ̌	uo	○ᵍ	o√	○̦	˘o	ó
双元音	ᵈo									
	ᵈo	o.√				oᵍ√	o√√	ɔ√	ᵈo√	ó√
	oɪ	o.ɔ	ô̂ɔ	ŏɔ	uoɔ				ó	ɔ
辅音尾韵母	ŏ6	o.6	ô6	ŏ6	uo6	oᵍ6	o√6	ɔ6	ᵈo6	ó6
	oʊ	o.ʊ	ô̂ʊ	ŏʊ	uoʊ	oᵍʊ	o√ʊ	ɔʊ	ᵈoʊ	óʊ
	óʍ	o.ʍ	ô̂ʍ	ŏʍ	uoʍ	oᵍʍ	o√ʍ	ɔʍ	ᵈoʍ	óʍ
	ő̌n	o.n	ô̂n	ŏn	uoʋ	oᵍn	o√n	ɔn	ᵈon	ón
	ő̌ʋ	o.ʋ	ô̂ʋ	ŏʋ	uoʋ	oᵍʋ	o√ʋ	ɔʋ	ᵈoʋ	óʋ
	ó√	n'	ô̂√	ŏ√	uo√	oᵍ√	o√√	uoɴ	ᵈo√	o.√

5. 金平傣文规范声调

以六个调位作为金平傣文的 6 个声调，3 个声调符号作为规范调符。列表 10。

表 10　规范声调

调位	一/33/	二/55/	三/25/	四/43/	五/52/	六/31/
调值	33	55	25	43	52	31
调符		′	~	′		′
例词	ᮣ.	ᮣ. ᮣ.	ᮣ.	ʋ.	ʋ.	ʋ.

以上提出的关于金平傣文语音规范化的标准，只是一个初步的方案，能否满足于实际应用的需要，还有待于在实践的过程中进一步补充完善。

参考文献

[1] 何少林：《中国少数民族大辞典·傣族卷》（上、下），云南民族出版社 2014 年版。

[2] 周耀文、罗美珍：《傣语方言研究》，民族出版社 2001 年版。

[3] 和丽峰、熊玉有：《云南少数民族文字概要》，云南民族出版社 1999 年版。

[4] 张公瑾：《傣族文化研究》，云南民族出版社 1988 年版。

[5] 刀洁：《金平傣语概况》，《民族语文》2005 年第 2 期。

[6] 黄行：《我国与"一带一路"核心区国家跨境语言文字状况》，《云南师范大学学报》2015 年第 5 期。

[7] 兰强、徐方宇、李华杰：《越南概论》，世界图书出版广东有限公司 2015 年版。

[8] 郝勇、黄勇、覃海伦：《老挝概论》，世界图书出版广东有限公司 2016 年版。

[9] 傅懋勣：《我国少数民族创造和改革文字的问题》，中国社会科学出版社 1999 年版。

[10] 李宇明：《信息时代的语言文字标准化工作》，《语言文字应用》2009 年第 2 期。

Standardization of Jinping-dai Character in Yunnan

DAO Jie　ZHOU Yan　WANG Yuqing

(College of Ethnic and Culture Yunnan Minzu University)

Abstract：Jinping-dai character, also known as "dai duan wen" or "dai hao wen", is a phonetic script derived from the Sanskrit alphabet system of India. It is also an ethnic script used by the dai branches white dai clan that calls itself "dai duan" or "dai hao" across the border. In China, it is mainly used in the dai nationality area of jinping county, honghe prefecture, yunnan province. Abroad, the dai people of Vietnam, Laos, Thailand and even France are also used. Because of the creation of the word of the long time, and the current oral initials, finals, tone and other aspects have appeared some differences. Through the field investigation of the use of the Jinping-dai character, this paper probes into the standardization of the dai character according to the phonetic characteristics of the spoken language, and puts forward the standardized standards and principles, so as to make the standardized dai character pronunciation reflect the actual language reality.

Keywords：Jinping-dai Character；Pronunciation；The Canonical

作者简介

刀洁，云南民族大学教授。主要研究方向：中国少数民族语言文字、跨境民族语言、民族语言与民族文化。

周焱，云南民族大学云南省民族研究所博士后，贵州民族大学讲师。主要研究方向：民族语言与文化。

王玉清，云南民族大学云南省民族研究所博士研究生，海南琼台师范学院讲师。主要研究方向：民族语言与文化。

中缅边境地区缅甸语需求调查研究[*]

段聪丽　张静波　李秀娟　德宏师范高等专科学校外语学院

[摘　要]　本研究以中缅边境地区的德宏、腾冲、临沧、普洱、木姐五个边境地区为调查点，对101家不同领域、不同性质的用人单位进行了缅甸语需求问卷调查。结果发现，中缅边境地区缅甸语需求量较大、需求呈正增长趋势；具有需求领域众多、需求层次广泛、使用人口增多、缅语交际频繁等特征；具体需求岗位呈现出多样化、地域性、职业性等特征；听、说、读、写、译五种语言技能的需求程度及其使用频率存在明显差异；缅甸语专业能力需求不仅是语言知识及技能，还包括其他专业背景知识、缅甸国情和人文知识及英语语言能力等；对缅甸语人才的德育素质表现出较高需求倾向；当下缅甸语毕业生语言专业能力、语言实践应用能力、缅甸国情文化、英语素养、专业背景学科知识、综合素质与用人单位实际需求还存在一定差距。

[关键词]　中缅边境；缅甸语；需求调查；规划研究

一、研究背景

语言是人类最重要的交际工具和信息载体，是文化的基础要素和鲜明标志，是了解一个国家最好的钥匙。语言与国家的战略发展密切相关，被视为战略资源和实施国家发展战略的重要工具（沈骑，2016）。随着"一带一路"国家重大战略的推进，语言的重要功能愈加凸显，"一带一路"需要语言铺路（李宇明，2015）。"一带一路"建设的关键是政策沟通、道路联通、贸易畅通、货币流通、民心相通五大领域的互联互通，语言是实现"五通"的基础（魏晖，2015）。

"君住江之头，我住江之尾"，说明了中缅独特的地理位置及源远流长的外交关系。语言是实现中缅民心相通的基础，在中缅政治、外交、经贸、社会、文化等方面发挥着桥梁作用，缅甸语需求及人才储备是实现中缅友好交流的人才基础。然而，长期以来我国对小语种建设不够重视，缺乏对缅甸语人才需求的评估及预测，导致我国缅甸语人才储备不足。与此同时，中国对缅甸语言文化的认知及研究不足，特别是缺乏对缅甸国情完整的、充分的认识，这对中缅经济文化等友好发展形成一定阻碍。例如，中方在缅甸的密松电站投资项目中断给中国投资方造成严重的经济损失，这与中方对缅甸国情、缅甸思维方式、缅甸文化习俗等了解不全面是有很大关系的。首先，高素质的缅语翻译人才缺乏将对我国涉外企业、边贸投资、旅游发展、民间往来等的发展造成不利影响。其次，缅甸语人才紧缺将不利于中缅边防检查、禁毒防艾、毒品走私等工作的开展及调查，同时也给边境稳定带来一定风险。

中缅边境独特的地缘特点、语言状况以及"一带一路"和"中缅经济走廊"建设战略带来的政治机缘

---

[*]　本文系云南省教育厅科学研究基金资助性项目"一带一路中缅边境缅甸语需求研究"阶段性成果（编号：2017ZDX215）。

充分体现了开展区域性缅甸语人才需求现状调查研究的迫切性和重要性。

因此，本研究以中缅边境频繁交往的德宏、腾冲、临沧、普洱、木姐五个边境地区为调查点，对该地区政府机关、企事业单位、私营企业、公安边防等单位进行缅语需求和人才需求调查，旨在探究中缅边境地区的缅甸语需求规律，为我国沿边省份的缅甸语人才培养和缅甸语教育规划提供数据参考和决策依据。

二、研究方法

(一) 研究问题

语言应用的状况及领域决定其未来需求的方向，制定适合中缅社会经济文化发展的语言政策及规划，培养实用型创新型语言人才，需要研究人员从不同的专业视角对当前缅甸语使用现状及需求情况进行调查研究。文献调查发现，近几年来，国内学者对非通用语，特别是缅甸语需求规划研究不足，缺乏系统性的体现中缅两国社会经济发展要求的、可信可行的研究成果。缅甸语需求及规划不仅要适应"一带一路"发展策略及"中缅经济走廊建设"的实际需求，也要将边境地区的经济、科技、文化、国防等安全及具有区域特色的地方性社会经济发展纳入其考虑范围中。因此，本研究基于语言需求及语言规划理论将从微观层面对中缅边境地区经济贸易往来及人文交往较为频繁地区的缅语需求进行调查研究，主要研究问题集中于下列6个维度：①中缅边境地区缅甸语需求趋势如何？②中缅边境地区缅甸语的主要需求领域有哪些？③中缅边境地区缅甸语语言技能需求特点有哪些？④中缅边境地区缅甸语专业能力需求包括哪些模块的知识？⑤人才素质需求如何？⑥各用人单位对当前缅甸语人才评价如何？

(二) 本研究问卷调查及访谈

本研究以问卷调查为主，访谈为辅。问卷设计分为四个维度，共有26道题，其中填空题6道，单项选择9道，多项选择11道，内容主要根据本研究设置的6个问题进行设计，具体包括趋势前景、需求领域、缅甸语语言技能需求、专业能力需求、人才素质需求及人才评价等变量。

(三) 调查地点

本研究选择德宏、腾冲、临沧、普洱、木姐五个中缅边境地区为调查点。德宏州与缅甸三面接壤，国境线长达503.8公里，中缅两国人民"道路共用、井水共饮、集市同赶、节庆共欢"，有瑞丽、畹町两个国家一类口岸和章凤、盈江两个国家二类口岸；腾冲市与缅甸猴桥口岸接壤，腾冲北、西北与缅甸毗邻，与缅甸克钦邦山水相连，国境线长148.075公里；临沧市沧源口岸是全国仅有的两个佤族自治县之一，是国家二类口岸，含芒卡和永和贸易区，与缅甸掸邦第二特区南登口岸对接，国境线长达147.083公里。这四个州市与缅甸不同程度接壤，具有与缅甸互联互通的地缘优势及丰富的跨境民族语言资源。普洱市下辖的澜沧县、孟连县、西盟县分别同缅甸接壤，孟连县与缅甸掸邦第二特区邦康口岸对接，国境线长133.399公里；木姐口岸是缅甸国家级口岸，与中国最大的对缅贸易陆路口岸——瑞丽口岸对外开放，二者自2012年以来结为好友城市。

(四) 调查对象

本次调查以分层随机抽样理论做指导，对德宏、腾冲、临沧、普洱、木姐五个地区的110家单位代表进行问卷调查。单位随机抽样如下：事业单位抽样调查24家、政府机关单位抽样调查21家、高等院校抽样调查11家、涉外企业抽样调查11家、国有企业抽样调查10家、公检法系统抽样调查7家、培训机构抽样调查5家、翻译公司抽样调查6家、旅行社抽样调查5家、涉外媒体抽样调查2家、货物进出口公司抽样调查1家、金融法机构抽样调查3家、软件研发公司抽样调查1家。

（五）问卷发放与分析

本次实际调查地点主要集中于芒市、瑞丽、腾冲、陇川、盈江、临沧、普洱、缅甸木姐、仰光等地区，调查从 2018 年 3 月持续到 2018 年 12 月，历时 9 个月。问卷共发出 110 份，收回有效问卷 101 份，9 份为无效问卷，有效问卷回收率约 92%。由于篇幅关系，部分调查数据未显示。

三、研究结果与讨论

（一）缅甸语需求状况及趋势

根据调查结果（见表 1），首先，中缅边境地区缅甸语需求量较大，人才需求总体呈上升趋势，缅语人才发展前景良好。在边境地区受访的 101 家单位中，大量需求缅语人才的占 12.87%，少量需求的占 56.44%，不需求的占 18.81%，以后可能需求的占 11.88%。其次，中缅边境缅甸语人才需求总体呈上升趋势，在五个边境口岸地区有效调查的 101 家单位中，需求量增加的单位占总数的 62.38%，需求量减少的单位占 2.97%，需求不变的单位占 12.87%，不确定的占 21.78%；78% 的受访单位负责人认为高质量的缅甸语人才在单位中具有良好的发展前景。

调查显示，中缅边境地区出现了"缅语热"现象，一方面反映出中国与缅甸经济文化发展的良好势头，经济发展与人才需求紧密相连，而语言互通是实现"一带一路"中缅经济人文发展的关键基础；另一方面区域性语言人才发展客观反映了缅甸语人才需求符合地缘性需求特征，中国瑞丽试验区与缅甸联邦接壤，边境线长 288.9 公里，有 4 条跨境公路通往缅甸，是中缅边境通道最多、国家级口岸和特殊经济功能区最密集的区域，瑞丽口岸是中国最大的对缅贸易陆路口岸，与缅甸国家级口岸木姐对外开放。多年来，瑞丽口岸进出口贸易总额占云南省对缅贸易的 60% 以上，占全国对缅贸易的 30% 左右（瑞丽国家重点开发开放试验区官网）。中缅经济发展将促进缅甸语的需求规模进一步扩大，语言需求客观上使得缅语人才具有良好发展前景，其将在中缅政治、经济及文化的交流发展中大有可为。外语规划的前提在于一个国家或地区对于外语的需求，反之缅甸语需求的调查对国家级语言人才战略规划及区域性微观语言人才培养规划具有实际指导意义。

表 1　中缅边境缅甸语需求状况及趋势（单位总数 101 家）

项目	选项答案	百分比（%）
1. 贵单位对缅语人才需求状况是	大量需求	12.87
	少量需求	56.44
	无需求	18.81
	以后可能需求	11.88
2. 贵单位对缅语人才需求趋势是	增加	62.38
	减少	2.97
	不变	12.87
	不确定	21.78

(续表)

项目	选项答案	百分比（%）
3. 缅甸语人才在贵单位发展前景如何	非常好	78
	一般	16
	不好	7

（二）缅甸语需求领域

调查结果显示，中缅边境地区缅甸语需求领域呈现出领域众多、需求层次广泛、使用人口增多、缅语交际频繁等特征。受访单位中，政府机关、高等院校、事业单位、翻译公司、培训机构、涉外企业、边防机构、农业技术推广中心、公检法系统、民营企业、建筑国企、金融业、涉外媒体、软件研发公司对缅甸语都有需求。因语言需求技能及素质不同，具体的需求岗位呈现多样化特征。受访单位中缅甸语具体需求岗位如下：教学工作、对外交流处、市场营销部（市场营销或跨境电商）、电子商务、涉外保险、外语系教师、文件翻译、对话翻译、口岸办、会计、文秘、营销、缅文《吉祥》编辑部、缅甸研究及日常翻译、出入境管理部门、各个综合岗位、口岸办公室、市场部、网点前台工作人员、外贸、人事科、工程、市场部、翻译事业部、外事办公室、普通柜员或国际业务技术人员、《胞波（缅文）》新闻中心、出入境部门、国保部门、侦查部门、法律援助、行政、科学研究、农业技术推广部门等。

从上述可知，缅甸语需求部门主要集中在中缅经济、教育、行政、对外交流、文化、法律、国防、口岸、科学研究、农业等重点领域部门。然而，各部门对缅甸语人才的需求量因具体涉缅业务而有所差异，其中经贸等相关部门对缅语人才数量需求量占统计比例的38%，教育教学岗位占统计比例的21%，其他各类需求量占统计比例的41%。在经贸往来不断加深的情况下，中缅两国在教育合作、人文交流、医疗、边境管理及农业交流等方面力度稳步强化加深，在此过程中语言人才必不可少。调查进一步证实了具有学科专业背景知识的语言人才更具有社会竞争力，"复合型"语言人才将成为沿边地区人才培养的主要模式。调查为高校语言人才培养机构深化校企合作提供了强有力的依据，在高校语言人才培养过程中，有计划地将学生送到对口企业实习，以此加强语言人才的社会实践能力及创新能力，同时促进对口就业，提高学生就业率。

（三）缅甸语语言技能需求

调查结果显示，口语交际、翻译（包括合同及技术性文件、公文、标语等翻译）、阅读材料、书面表达等语言技能为受访单位所涉及的主要业务活动，即听、说、读、写、译五种语言技能在各受访单位实际工作业务中都有需求。然而五种语言技能使用频率存在明显差异，其中"口语交际"（听、说）为需求频率最高的技能，此项技能占缅甸语语言需求技能的80%；其次是翻译（译），阅读（读）、书面表达（写）三种语言技能在实际涉缅甸工作中的需求比例分别为65%、59%和30%。然而，各项技能在实际的工作需求中具有综合运用的特征，因为单一的某一项技能无法实现语言交际功能。另外，中缅边境地区缅甸语五种技能需求频率有所差异，使用频率由高到底为说、译、听、读、写（见表2）。

表 2　缅甸语语言技能需求（单位总数 101 家）

项目	选项答案	百分比（%）
1. 贵单位涉及缅语语言技能需要（多选）	听	60
	说	70
	读	59
	写	30
	译	65
2. 贵单位涉及缅语业务活动是（多选）	对外交流（口译及笔译）	83
	商务活动	42
	文案工作	41
	教学	15
	其他	14
3. 贵单位涉及缅语业务活动具体需要（多选）	阅读缅甸文字材料	59
	翻译合同与技术文件	31
	与外商进行沟通交流	32
	查阅大量的缅文版专业技术文献	15
	翻译公文、标语性文字	34
	对外沟通交流（民间及官方）	78
	缅语导游	12
	其他	17

表 2 缅甸语语言技能需求的不同层次对缅甸语教学具有以下启示：听说能力的培养应该成为缅甸语教学的重心，其次是翻译、阅读及写作能力。同时，针对不同岗位的业务需求对缅语人才的语言技能提出不同的培养要求，将有利于实现具体的人才应用培养对接方式，形成具体目标下对应的具体语言人才培养方式。

（四）缅甸语专业能力需求

本研究对缅甸语专业能力需求调查的主要内容包括缅甸语语言能力要求、语言基础知识、语言专业背景技能。调查数据显示（见表 3），用人单位对缅语人才的专业能力需求较高，占总体需求的 59%；缅甸语语言基础知识需求以口语为主，占总需求的 40%；语言专业背景技能中需求较高的是商务、文秘技能，分别占总需求的 69% 及 67%；然而，单一的缅甸语技能和语言知识不能满足用人单位的岗位需要，"语言+专业"背景人才将成为较受欢迎的人才模式，单位往往要求员工除了掌握缅甸语基础知识及应用能力外，还需掌握某一行业领域的技能，这说明企业需要大量的复合型语言人才。值得注意的是，调查发现中缅边境地区，英语的需求度也较高，用人单位普遍要求缅甸语人才具有一定的英语交际能力，至少用英语能胜任日常工作和日常交际任务。

表 3 缅甸语专业能力需求有效地反映出用人单位对缅语人才专业素质和专业背景结构的需要，这对缅语教学课程设置和教学内容的选择具有重要的指导意义。课程设置和教学内容的选择是一个专业的核心内

涵，它规定了该专业学生的基本知识结构和发展方向，是实现该专业培养目标的根本保障。同时它还决定着该专业人才培养的规格和层次，甚至决定着该专业学生未来的职业发展方向（张彪，2016）。本调查反映出受访单位多元化的专业知识需求情况，为当前缅甸语教学及发展指明了方向。

表3 缅甸语专业能力需求（单位总数101家）

项目	选项答案	百分比（%）
1. 贵单位对缅甸语语言能力要求（多选）	通过缅语专业四级考试	39
	通过缅语专业八级考试	27
	通过缅语A级能力测试	26
	通过缅语B级能力测试	13
	无硬性要求	41
2. 贵单位更倾向哪方面较强的缅甸语人才	口语沟通能力	40
	书面表达能力	7
	跨文化交际能力	8
	专业背景缅甸语（如农业科技、商贸、旅游、法律等）	26
	其他	20
3. 您认为缅甸语专业毕业生还需要以下哪些方面的能力（多选）	中缅文文秘事务处理能力	67
	计算机和办公自动化实践能力	51
	中缅文商务谈判实践能力	58
	商务缅甸语翻译及写作能力	69
	缅甸语教学能力	34
	其他	7
4. 贵单位需要复合型缅甸语人才是	缅语+英语	43
	缅语+法语	1
	缅语+国际贸易	8
	缅语+商务	6
	缅语+农业科技	7
	缅语+市场营销	10
	缅语+教育	15
	缅语+跨文化交际能力	11

(五) 缅甸语人才素质需求

调查（见表4）发现，素质能力在工作岗位中起着重要作用。除专业技能外，用人单位对实际需求素质能力的模块及需求程度由高到低分别为：实践经验（66%）、交际能力（65%）、学习能力（64%）、执行能力（57%）、团队协作能力（51%）。调查还发现，除了语言技能和语言知识外，德育品质是工作岗位中不可或缺的素质，德育素质的需求及比例较高项目分别为：敬业精神（90%），正确的世界观、人生观、价值观（87%），良好的品德修养（86%）。

表4 缅甸语人才其他素质能力需求（单位总数101家）

项目	选项答案	百分比（%）
1. 贵单位对缅甸语人才素质能力需求为（多选）	专业技能	74
	计算机使用能力	32
	实践经验	66
	团队协作能力	51
	执行能力	57
	受挫能力	29
	交际能力	65
	学习能力	64
	创新能力	48
2. 贵单位对缅甸语人才应具备的德育素质要求有	正确的世界观、人生观、价值观	87
	良好的品德修养	86
	强烈的社会责任感	71
	敬业精神	90
	广博的知识	60
	良好的人文素养	72
	缅甸语教学能力	34
	其他	2

表4呈现的缅语人才非专业能力需求及德育素质需求有效地反映出用人单位对语言人才的素质能力及德育品质的结构需求。值得注意的是在外语人才的培养过程中，高校不仅要重视语言人才的专业能力培养，还应加强对语言人才的职业道德教育，防止部分培养机构的道德盲视及教育功能的缺失。

(六) 对现有缅甸语人才的评价

调查结果（见表5）显示，58%的受访单位认为缅甸语人才的素质能力基本能满足用人单位需求，36%的受访单位认为目前缅甸语专业人才的培养存在较大的改进空间，仅有6%的受访单位满意度较高。受访单位明确提出当前缅甸语人才需要改善的方面如下：基本的语言专业能力（包括翻译、听说、读写）都有待加强；建议培养机构多创造实践机会，让学生与在华工作的缅甸语母语者接触，多创设或模拟情景翻译，以提高译者素质及能力；实习至少不低于两年；重视缅甸语专业学生综合素质和创新能力的培养；根据中缅边境特殊的地理区位与贸易、服务等需求开展适当专业培训；建立中缅边境地区缅甸语交流园地，为专业人士与缅甸语爱好人士搭建交流平台，互通信息，互助提升综合能力，促进更多人士为中缅经济、文化发展贡献力量；对缅甸国情及缅甸文化了解不够是一个较为严重的问题，加强缅甸人文素养知识的传授培训；提升缅语专业学生的英语水平；用人单位与培养机构之间加强沟通合作，按需培养缅甸语人才。由此说明，当下缅甸语毕业生语言专业能力、语言实践应用能力、缅甸国情文化、英语素养、专业背景学科知识、综合素质与用人单位实际需求还存在一定差距。

表5 对现有缅甸语人才的评价（单位总数101家）

项目	选项答案	百分比（%）
1. 您认为现在高校外语教学能否满足社会对缅甸语专业人才的需求	完全可以	6
	基本可以	58
	存在较大的改进空间	36
2. 您认为目前缅甸语人才专业能力还存在哪些问题（多选）	缅甸语听说能力不过关，不能用缅甸语有效沟通交流	55
	缅甸语读写能力不过关，缺乏用中缅文操作具体业务的能力	49
	缅甸语翻译能力不过关，不能贴切、准确地进行中缅文互译	63
	缅甸语基本功不扎实，缅甸语总体水平差	37
	缅甸语思维能力不过关，缺乏分析问题、解决问题的能力	46
	缅甸国情及缅甸文化了解不够	51
	缺乏其他的专业基础知识	38
3. 您认为缅甸语专业毕业生比较缺乏以下哪些能力（多选）	基本的解决问题能力	32
	沟通协调能力	58
	承受压力、克服困难的能力	50
	相关工作或实习经验	75
	其他	32

由表5可知，用人单位的要求与缅语人才本身的能力素质存在一定差距，揭示了高校人才培养目标及体系的优势、劣势、机会和挑战，同时为其语言人才培养方案的改善及实施提供了具体的参考依据，对构建高校"一带一路"缅甸语人才培养体系、培养途径、课程设置和教学模式的选择具有一定启示意义。

四、结论与启示

缅甸语是中缅边境地区官方及民间主要交际语言之一，同时是中缅边境需求度较高的外语，在中缅边境地区的交流中具有核心地位。中国与缅甸有着长达数千年的友好交往历史，两国地缘相近，人文相似，经贸往来密切。近年来，中缅关系发展势头良好，缅甸国务资政昂山素季分别于2017年及2019年两次访华参加第一届及第二届"一带一路"国际合作高峰论坛，并表示缅甸将积极响应中国的"一带一路"发展战略（中华人民共和国驻缅甸联邦大使馆官网）。随着GMS经济走廊，孟中印缅经济走廊，"一带一路"倡议的建设发展，中缅在贸易与投资、工程劳务、边境贸易、国际大通道建设、旅游发展等方面将加大合作。

语言人才是实现中缅政治、经济、文化顺利发展的关键性基础。毋庸置疑，缅甸语人才在实现中缅"五通"发展的过程中，尤其是打通"民心相通"环节中起着独一无二的作用。在对中缅五个边境地区进行系统调查后发现，中缅边境地区缅甸语需求量较大、需求态势持续增长；具有需求领域众多、需求层次广泛、使用人口增多、缅语交际频繁等特征；具体岗位呈现出多样化、地域性、职业性等特征。中缅边境地区缅甸语需求趋势、规模及领域揭示了我国区域性小语种规划及发展的新趋势，相应的对缅甸语人才培养的规模、数量、质量提出了新要求。本研究对云南省的缅甸语教育规划及人才培养具有以下几个方面的启示作用。

（1）云南省应该重视战略性缅甸语人才的储备，积极倡议高校有计划有步骤地增设缅甸语专业。但是，缅甸语人才培养不宜一窝蜂，在扩大规模的同时，要与国家及区域实际需求相结合，在提高缅甸语人才质量上下功夫。随着中缅合作的进一步加深，边境地区缅语人才的需求将会越来越大，要求也会越来越高，缅甸语人才培养的数量、规模和质量将不断加强与完善，高校在缅甸语专业建设和人才培养方面的力度、范围和规模也将进一步加大。因此，全省在缅语人才培养规划过程中既要注重语言人才的需求数量发展，同时兼顾语言人才的质量提升，同时将毕业生的就业领域及方向纳入考虑范围。缅甸语专业能力既要强调日常交际语言技能的培养，又要注意语言能力的层次性和职业性发展，以满足中缅边境地区对多层次复合型人才的需求，避免盲目扩招，以及同质化培养造成教学资源和人力资源的浪费。

（2）缅甸语语言人才培养及规划应当与国家战略及区域需求紧密结合。在夯实基础语言技能和语言知识的同时，发掘课程内容的知识传递作用，分类培养不同职业岗位的缅甸语人才。一是要培养一批语言基本功扎实，且熟知缅甸国情与文化的能够从事翻译、缅甸语教学、语言文字专家、文化交流等工作专业人才；二是要培养通晓缅甸政治、经济、文化、社会、语言文字、法律、民族、宗教等，同时具有国际视野、政治敏锐度、跨文化能力、前瞻性的一些专家级研究型人才；三是要培养掌握某一学科专业知识及技能、能够从事专门行业建设、参与国际事务的复合型缅甸语人才。

（3）"缅语+英语+学科专业背景人才"是中缅边境地区具有较高可行性的人才培养模式。这种模式要求培养的语言人才既熟练掌握缅甸语语言知识及技能；还要求其具有一定的英语语言能力（包括英语日常生活及工作交流能力，因为英语作为中缅边境地区的强势外语，在中缅边境地区经济、贸易、文化以及日常交际和工作中发挥着重要作用）；同时深入了解中缅经贸、科技产业、教育教学、农业发展、国防科技、旅游等领域的某一专业学科知识的高级外语人才。这种培养方式增强了学生的综合能力和社会竞争力，更能适应中缅政治、经济、文化、国防安全发展的需要，同时推动中缅边境地区的具有区域特征的实用型及创新型语言人才的培养规划。

中缅边境独特的地缘关系，造就了汉语、缅语、英语及各种少数民族语言在边境地区共存态势，形成了中缅边境地区丰富的语言资源和多语环境。缅甸语作为中缅边境地区官方及民间沟通交流的主要语言之一，具有很强的实用性。边境地区的语言教育及规划是国家软实力的重要体现。本研究，从宏观上初步确定了中缅边境地区缅甸语的需求状况，缅甸语需求领域的特点，缅甸语岗位需求的大致方向；微观上调查出缅甸语语言技能的需求特点，缅甸语专业能力的需求情况，缅甸语人才素质的需求方向及用人单位对目前缅甸语人才的评价情况及主要期待方向。中缅边境地区的语言人才培养及规划应当与国家战略及区域需求紧密结合，合理规划语言人才的培养数量、规模和质量，缅甸语人才的培养目标要结合岗位需求领域及特点，注重职业导向性；缅甸语专业能力既要强调日常交际语言技能的培养，又要注意语言能力的层次性和职业性发展；同时注重加强缅甸语人才的专业素质教育及人文素养提升。总之，中缅边境地区缅甸语人才培养应该着力于区域发展需求，致力于培养学生应用双语（缅甸语及英语）解决问题的能力，同时考虑中缅边境特殊的地理区位及中缅政治、经济、文化、科技、国防安全等需求开展相关专业课程，重点培养具有边境区域特征的"双语复合型"（缅语+英语+学科专业背景型）高级外语人才。

参考文献

[1] 李宇明：《"一带一路"需要语言铺路》，《人民日报》2015年9月22日。
[2] 沈骑：《"一带一路"建设中的语言安全战略》，《语言战略研究》2016年第3期。
[3] 魏晖：《"一带一路"与语言互通》，《云南师范大学学报》（哲学社会科学版）2015年第4期。
[4] 张彪、彭庆华：《我国少数民族边境口岸地区外语需求调查研究》，《民族教育研究》2016年第2期。
[5] 《缅甸国情报告2010—2011》，德宏州民族出版社2011年版。
[6] 中华人民共和国驻缅甸联邦大使馆，http://mm.china-embassy.org/chn/zmgx/zzgx/t1467825.htm。
[7] 瑞丽国家重点开发开放试验区，http://www.rlsyq.gov.cn/。

An Investigation and Study on Demand for Myanmar Language in China-Myanmar Border Areas

DUAN Congli ZHANG Jingbo LI Xiujuan

(Department of Foreign Languages, Dehong Teachers' College)

Abstract: A questionnaire survey on Myanmar language was conducted for 101 employers who came from different fields in five China-Myanmar border areas including Dehong, Tengchong, Lincang, Pu'er, and Mujie. It was found that the demand of Myanmar language in the China-Myanmar border areas is large and it is increasing; the demand areas are numerous, the demand levels are wide; the user of Myanmar language are increasing, too; the specific demand positions are diverse for different regions and different occupations; there are significant differences in demands for the five language skills including listening, speaking, reading, writing, and translation, and so does the using frequency; the demand of Myanmar language professional ability is not only language knowledge and skills but also other professional background knowledge like Myanmar national conditions and humanistic knowledge and English language ability, etc.; there is a high demand for the moral education quality of Myanmar language talents; there is still a certain gap between the actual needs of the employers and the language proficiency, language practice ability, Myanmar culture, English literacy, professional background subject knowledge and the comprehensive quality of Myanmar graduates.

Keywords: China-Myanmar Border; Myanmar Language; Demand Survey; Planning Research

作者简介

段聪丽，德宏师范高等专科学校外语学院讲师，主要研究方向：语言学、翻译。
张静波，德宏师范高等专科学校外语学院教授，主要研究方向：语言学。
李秀娟，德宏师范高等专科学校外语学院讲师，主要从事：缅甸语教学。

语言政策与语言规划研究

中小学校本教材语言文字规范性的管理状况及对策*

徐欣路　北京语言大学中国语言文字规范标准研究中心

[摘　要]　作为国家、地方、学校三级课程管理体制的产物，校本课程在过去的二十年经历了高速发展，与之配套的校本教材也快速涌现。由于制度上的不明确性，相关部门对校本教材的监管较为乏力，对校本教材语言文字规范性的管理则尤为薄弱，这使得校本教材语言文字不规范现象十分普遍。解读好、执行好中共中央、国务院以及教育部新近出台的政策，将可以对问题的根本解决起到关键作用。

[关键词]　校本课程；校本教材；语言文字规范；编校质量

1999年，中共中央、国务院印发了《关于深化教育改革全面推进素质教育的决定》，我国基础教育的国家、地方、学校三级课程管理体制建设正式成为了教育改革的方向。与国家课程相比，由学校自行管理的课程——校本课程是在课程改革中出现的新事物。随着校本课程的发展，由各个中小学自行组织编写的作为校本教材的读物也大量涌现，但其质量参差不齐，特别是在语言文字的规范性水平上与国家教材相比有着巨大的差距。2019年，中共中央、国务院印发《关于深化教育教学改革全面提高义务教育质量的意见》，为校本教材的无序开发按下了停止键。今后，校本课程大规模的教材开发不会再出现，但是校本教材在一定条件下仍将存在，且各校具有类似教材功能的自编课程资源也一定不会消失。因此，摸清自三级课程管理体制建立以来中小学校本教材语言文字规范性的管理状况，在此基础上商讨今后校本教材和相关配套读物的管理对策，仍是十分必要的。

一、"教材"的概念问题

目前社会在使用"教材"一词时，所涉外延的范围是有宽、中、窄之分的。

广义的"教材"概念以《现代汉语词典》的解释为代表。该词典第7版对"教材"的解释为"有关讲授内容的材料，如书籍、讲义、图片、讲授提纲等"。这一解释侧重于教材的功能，涵盖的范围极广，几乎所有跟讲授内容有关的材料都能算是教材。

不过在人们对"教材"这一事物的一般性认知中，大概"呈现课程内容、配合授课使用的装订成册的材料"可以叫作"教材"，而图片、提纲等散在的内容若未入册，则一般不认为是教材。这种理解除了认可教材的功能之外，还着重考虑到了"装订成册"

---

* 本文是国家语委"十三五"科研规划2016年度重点项目"中小学校本教材语言文字规范性考察及标准建设研究"（项目编号：ZDI135-2）的研究成果。

这一形制特征。这可以认为是中义的"教材"概念，大致相当于"教科书"这个概念。

而狭义的"教材"概念则是在政府监管中形成的。吴刚平（2005）指出："'教材'是一个政策性很强的概念。"这说的就是狭义的"教材"。教育部2001年发布的《中小学教材编写审定管理暂行办法》就在国家层面规定了中小学教材编写和使用的允准机制，只有被此机制允准的读物才能作为"教材"在学校推广使用。其他未经此机制允准的读物，包括学校内部印行的教学用书和教师在讲授时使用的讲义等，都不能算是"教材"。可以看出，狭义的"教材"概念着重强调的是"政府监管"这一特征。

上述"教材"概念的不同外延及其特征正是我们理解校本教材问题的关键。

二、校本教材监管的乏力

据罗全生（2019）研究，我国的教材建设从新中国成立之初的统权到20世纪80年代的分权，再到当前教材建设的新权力结构形成并合理分工，逐步形成了"统权—分权—统分结合"的权力运行轨迹。而校本课程及配合校本课程使用的校本教材，显然就是分权的产物。这里的"权"，既包括开设校本课程涉及的课程权，也包括编写校本教材涉及的教材编写权。

教材编写权的分权要早于课程权的分权。1985年1月，教育部印发的《全国中小学教材审定委员会工作条例（试行）》（以下简称《条例》）明确了基础教育教材"编审分离"的基本制度。关于教材的编写权，《条例》除了明确了"人民教育出版社负责编，省、自治区、直辖市教育部门可以编"之外，还指出"有关学校、专家、教师也可以编"。1987年国家教委印发的《全国中小学教材审定委员会工作章程》也同样认可了学校的教材编写权，并专门给"为适应本地区或本学校使用而编写的教材（乡土教材、选修教材、补充教材等）"规定了审查机制。1988年印发的《九年制义务教育教材编写规划方案》对地方、社会机构和个人的教材编写权进行了进一步赋权，指出"鼓励各个地方，以及高等学校，科研单位，有条件的专家、学者、教师个人按照国家规定的教育方针和教学大纲的基本要求编写教材"。

课程权的分权发生在世纪之交。1999年，中共中央、国务院印发的《关于深化教育改革全面推进素质教育的决定》指出："调整和改革课程体系、结构、内容，建立新的基础教育课程体系，试行国家课程、地方课程和学校课程。"2001年，教育部印发的《基础教育课程改革纲要（试行）》进一步指出"为保障和促进课程适应不同地区、学校、学生的要求，实行国家、地方和学校三级课程管理"，"学校在执行国家课程和地方课程的同时，应视当地社会、经济发展的具体情况，结合本校的传统和优势、学生的兴趣和需要，开发或选用适合本校的课程"。

实际上，在20世纪80年代教材编写权分权之后，虽然1987年的《全国中小学教材审定委员会工作章程》已经赋予了"为适应本学校使用而编写教材"的合法性，并确保了学校和教师个人的编写权，但由于对编写行为监管十分严格，真正使用这项权利开发校本教材的学校和教师少而又少。校本教材作为校本课程使用的教科书，其大规模开发发生在课程权的分权之后，也就是国家、地方和学校三级课程管理体制建立之后。

三级课程管理体制中，校本课程是突破先前课程理念的一大亮点，因而在该体制下，校本课程的发展，包括教材等校本课程资源的开发建设一直是得到鼓励的。正如吴刚平（2005）所言："有些教育行政和业务管理部门不仅大力提倡'校本教材'，而且把它们作为对学校的校本课程进行考核和评估的要求和指标，导致校本课程的开设背离了课程政策的基本方向，在实践中造成了误解和混乱。"相关部门的鼓励政策使得各校纷纷组织力量为校本课程编写教材。一时间，校本教材如雨后春笋般在中小学广泛出现。

校本教材的编写高潮没有出现在教材编写权分权之后，而出现在课程权分权之后，这并不奇怪。这一现象的根本原因就在于伴随着三级课程管理体制的建设，人们对"教材"的理解也在发生变化。在三级课程管理体制建立之前，"教材"基本上是狭义的，也就是说，那时的课程读物一律要经过政府监管系统的允准之后，方可进入"教材"之列。比如1987年的《全国中小学教材审定委员会工作章程》规定，即便是"为适应本学校使用而编写教材"，也需要"由省、自治区、直辖市教育行政部门审查，报国家教育委员会备案"。可以说，按照这一规定来编写校本教材，行政成本是非常高的，绝大多数的学校和教师对此都缺乏积极性。

在三级课程管理体制建设的背景下，由于校本课程的蓬勃发展，校本教材的定位也悄然发生了变化，"教材"的理解偏向了中义。2001年，教育部印发《中小学教材编写审定管理暂行办法》。该办法规定的"教材"范围是"中小学用于课堂教学的教科书（含电子音像教材、图册），以及必要的教学辅助资料"。从这一范围看，该办法所说的"教材"似乎应该包括校本课程的教科书。但是，该办法却又只规定了"国务院教育行政部门负责国家课程教材的编写和审定管理""省级教育行政部门负责地方课程教材的编写和审定管理"，没有规定学校课程教材（校本教材）的编写和审定管理应如何操作。可以认为，为了加快三级课程管理体制的建立和健全，为了促进校本课程的发展，开发更多优秀的课程资源，原本在1987年《全国中小学教材审定委员会工作章程》中规定的学校自编教材管理制度被相对淡化，变得较不明确。

虽然在国家层面，相关文件并没有直接规定校本教材如何监管，但在地方层面，这种尝试却也是存在的。不过，即便如此，这种监管也远远达不到教材审查的程度。2012年，北京市教育委员会在《关于做好2012—2013学年度基础教育课程教材改革实验工作的意见》中就指出："各区县要研究建立校本课程建设与校本教材开发的管理机制，进一步完善校本课程的审议和备案制度。鼓励学校开展校本课程建设研究与实验，研究制定校本教材评价标准，组织相关专家对符合条件的校本教材进行评价，形成规范的校本教材建设机制。"很明显，这里涉及的对校本教材的监管主要以评价为手段，因此是引导性的，而不是允准性的，其对"教材"的理解显然也是中义的，而不是狭义的。

从学校的角度来讲，让校本教材接受政府主管部门监管的意愿也不强。2009年北京市区县教育科研人员第二届学术年会发布的一份关于北京市海淀区中小学校本教材开发、实施与管理现状的调研报告显示，在校本教材的管理方式上，只有12.1%的学校认为向市级相关部门申报、备案是最佳方式，37.9%的学校认为向区县相关部门申报、备案是最佳方式，高达50%的学校都认为校本教材应首选由学校自主管理。

可以看到，与国家教材和地方教材所受的监管相比，校本教材所受的监管是比较乏力的，学校对校本教材监管的认识也并不到位，这也为校本教材各方面的不规范现象留下了生存空间。

三、校本教材语言文字规范性管理的薄弱

在语言文字规范性审查方面，国家教材的审定工作为我们提供了一个可比照的样本。语言文字规范性审查一直是国家教材审定工作中必不可少的一个重要方面，其具体要求在不同时期的文件中均有明确体现。

1987年《全国中小学教材审定委员会工作章程》的附件《中小学教材审定标准》在语言文字规范性方面要求如下："语言文字要规范、简练，内容要生动活泼、富有启发性和趣味性，要注意不同年龄阶段学生的语言特点。不要使用方言土语。""名称、名词、术语均应采取国际统一名称或国家规定的名称。外国人名、地名采用通用译名。简化字要按国家正式公布的字表。""标题、字母、符号均需统一，符合规范。""计量单位采用国际单位制和国家统一规定的计量单位。"1996年，国家教委重新印发修订后的《全国中小学教材审定委员会工作章程》。新版章程在语言文字规范要求方面有一些小的改动，但大体上仍维持了

原有的要求。

现行的国家教材语言文字审查要求在教育部网站公布的行政许可项目"中小学国家课程教材审定"的《审查工作细则》中规定如下:"语言文字表达规范准确、生动流畅,可读性强"。"标点符号、汉语拼音、数字和计量单位使用规范。各种符号标识符合国家通用标准。""送审之前有编校质量审读报告,文字差错率不超过万分之零点二五。"

比较上述现行审查要求和20世纪八九十年代的审查要求,似乎现行要求的条款比八九十年代的还要简略。但实际上,现行要求比八九十年代的标准要细得多,原因就在于现行要求规定送审之前必须先进行编校质量检查,并形成编校质量审读报告。1997年《出版管理条例》以国务院令的形式公布实施,同年新闻出版署又发布了《图书质量管理规定》,图书编校质量有了明确的评价标准。现行的《图书质量管理规定》及其附件《图书编校质量差错率计算方法》是2005年实施的。前者规定:"差错率不超过万分之一的图书,其编校质量属合格。"而后者规定的图书编校质量检查中的差错率计算方法多达3大类22条,可以说基本涵盖了可能出现的所有语言文字不规范类型。可见,现行的国家教材审定制度中规定的"文字差错率不超过万分之零点二五"方可送审,实际上是对教材语言文字规范性提出的极为严格的要求。这尚只是送审的前置条件,可以想见,这小于万分之零点二五的差错在审查过程中还将得到进一步的消除。

相比之下,校本教材语言文字规范性的管理就显得十分薄弱了。首先,绝大多数校本教材都不是正式出版物,都没有接受过像正式出版物那样的严格的编校过程。校本课程是各校根据本校自己的课程建设思路开设的课程,其开展须有校内实有的资源和需求来支撑。一般来说,一门好的校本课程若脱离"本校"这个母体,是没有太大的推广必要的,因此大多数学校都不会考虑把校本教材交给出版社出版。其次,在相关部门开展的校本教材审查工作中,语言文字规范性检查也很难成为审查的重点。例如,在北京市某教育较发达区域,相关部门组织的全区中小学校本教材审查工作中,与语言文字规范性相关的要求只有如下几条:"校本教材内容的表达清晰、准确、生动,具有较强的可读性。慎重对待网络语言。""文字表述准确,有感染力和可读性强。""标点符号和数字的使用科学规范。"这与图书编校质量检查中涵盖的语言文字不规范类型相比相差巨大。实际上,在区级部门组织的审查工作中,聘请的审查人员一般也是本区课程建设方面的专家,很少会聘请语言文字专家或有编校质量检查资质的人员来对语言文字规范性进行专门的检查。

可能有人认为,中小学教师文化程度较高,语言文字应用水平较好,各学校对校本课程开发工作又较重视,因此目前中小学校本教材的语言文字规范性水准不可能太差,不必过度监管。然而,根据我们近年来针对校本教材开展的抽查,上述猜测是完全不符合事实的。我们的考察范围为目前正在校本课程中应用的内部印行教材。最终,我们抽查了北京市4所中小学的13种校本教材和浙江省某市13所中小学的26种校本教材,考察了其语言文字规范性状况。在这39种校本教材中,若以现行《图书质量管理规定》限定的差错率为标准,即差错率不超万分之一方为合格,那么39种校本教材基本都不合格,且大多数的差错率都大大高于万分之一。

在这些教材中,教育较发达地区较优质的学校中由语文教师编写的语言文化类教材,语言文字规范性状况是否一定就较好?答案也是否定的。以北京市某教育较发达区域的一所初中示范校为例,该校编写的一本以汉字文化为主题的教材差错率竟超过万分之十二,标点符号错误、语病、别字、缺字、多字、字体字号错误等语言文字不规范现象可以说在正文任何一个页面上都俯拾皆是。可以想见,该课程作为语文课的拓展课程,该教材作为学校提供的语文类拓展读物,可能给学生的语文学习带来何等的负面影响!

综上所述,自三级课程管理体制建立以来,相关部门对校本教材语言文字规范性的管理十分薄弱，校本教材语言文字规范性状况十分令人担忧。

四、对策

2019年是校本教材命运发生重大改变的一年。中共中央、国务院印发的《关于深化教育教学改革全面提高义务教育质量的意见》明确指出了"校本课程原则上不编写教材"。教育部印发的《中小学教材管理办法》则进一步指出，校本课程"原则上不编写出版教材，确需编写出版的应报主管部门备案，按照国家和地方有关规定进行严格审核"。这不但是解决校本教材监管乏力问题的根本对策，也是解决校本教材语言文字规范性管理薄弱问题的根本对策。

但随之而来的问题有三个：第一，对于确需编写出版的校本教材，在语言文字规范性上应如何管理？第二，对于不编写出版教材的校本课程，配合课程开发的其他文字形式的学习材料（如讲义、学习手册等），在语言文字规范性上又应如何管理？第三，原有的校本教材本身就不是严格意义上的"教材"，在新规下是否需要一概停止使用？

关于第一个问题，首先应该明确"确需编写出版"中的"确需"是什么意思。这个词似乎没有什么歧解，但放在中小学的语境中却有一定复杂性。一般来说，校本教材既然是"校本"的，较少有公开出版并在其他学校照搬使用的必要，但是，教材的编写出版对学校和编写者个人而言却可能带来很大的收益。长期以来，"出书"一直是中小学各种评比和职务评聘的"硬核"加分项，因此不少学校和教师都对"出书"乐此不疲。这是一种针对实际利益的"确需"，而不是针对课程教材推广的真正的"确需"。

其次还应该明确"确需编写出版"中的"编写出版"，意思是编写后必须出版，还是可以只编写而不出版。这两种情况有着巨大的差异。经由出版社正式出版的过程就是一次严格的语言文字质控过程。一般来说，在编辑出版过程中，出版社即会把错误率控制到合格线百分之一以下。而只编写不出版的情况就完全不同了，它需要编写者自行进行质控，其语言文字规范性往往很难得到保证。

我们对此提出如下建议。第一，各级部门组织的课程评价活动和教师职务评聘及评优工作中，在课程资源建设方面不应再以教材建设及类似教材的成册读物编写为重要评比依据，而应更注重考察以育人效果为核心的课程实施质量。第二，确需编写出版的校本教材，在国家和地方的相关管理规定中，应要求在送审时提供编校质量审读报告，其差错率应达到《图书质量管理规定》限定的合格标准，即不高于万分之一。第三，相关管理部门在审查时，应重点考量其推广价值，推广价值不大的校本教材在审查中不应获得通过。第四，审查合格的教材均应交由出版社由出版社进一步编校后正式出版。

关于第二个问题，我们认为校本课程开发的文字形式的学习材料跟其他课程的同类材料并没有什么本质的不同。对于这类材料，不管属于什么课程，学校均应予以存档。相关管理部门应在教学检查中加大对这部分材料语言文字规范性的检查力度，以促使教师在材料编写过程中充分重视语言文字质量。

关于第三个问题，我们认为原有的校本教材如无依现行规定审查出版的必要，则不应再继续发放给学生使用。教师备课时可以继续将原有教材作为参考资料。而对于学生，则应考虑转换原教材中知识的存在形式，原本用大量语言文字表述的内容应换用教学效果更佳的导学单、多媒体材料等来呈现。

语言文字规范是任何教材都必须重视的大问题。面对以往校本教材语言文字规范性水平低下的状况，解读好、执行好2019年中共中央、国务院以及教育部出台的新政，将可以对问题的根本解决起到关键作用。

参考文献

[1] 北京市教委：《关于做好2012—2013学年度基础教育课程教材改革实验工作的意见》，2012年11月27日。

[2] 国家教委:《全国中小学教材审定委员会工作章程》,1987年10月10日。

[3] 国家教委:《九年制义务教育教材编写规划方案》,1988年8月21日。

[4] 国务院:《出版管理条例》,1997年1月2日。

[5] 教育部:《全国中小学教材审定委员会工作条例(试行)》,1985年1月11日。

[6] 教育部:《中小学教材编写审定管理暂行办法》,2001年6月7日。

[7] 教育部:《基础教育课程改革纲要(试行)》,2001年6月8日。

[8] 教育部:《中小学教材管理办法》,2019年12月16日。

[9] 李艳莹:《海淀区中小学校本教材开发、实施与管理现状调研报告》,北京市区县科研人员第二届学术年会,2009年。

[10] 罗生全:《论教材建设作为国家事权》,《课程·教材·教法》2019年第8期。

[11] 吴刚平:《校本课程要走出"校本教材"的误区》,《上海教育科研》2005年第8期。

[12] 新闻出版总署:《图书质量管理规定》,1997年3月3日。

[13] 新闻出版总署:《图书质量管理规定》,2004年12月24日。

[14] 中共中央、国务院:《关于深化教育改革全面推进素质教育的决定》,1999年6月13日。

[15] 中共中央、国务院:《关于深化教育教学改革全面提高义务教育质量的意见》,2019年6月23日。

Management Status and Countermeasures of Language Standardization in School-based Textbooks for Primary and Secondary Schools

Xu Xinlu

(National Research Center for Language Norms and Standards, Beijing Language and Culture University)

Abstract: As a product of the national, local and school-based curriculum management system, school-based curriculum has experienced rapid development in the past 20 years, and school-based teaching materials have also emerged rapidly. Due to the ambiguity of the regulations, the supervision of school-based teaching materials is relatively weak, while the supervision of language standardization of school-based teaching materials is especially weak, which makes the nonstandard phenomenon of school-based teaching materials' language very common. The interpretation and implementation of the policies recently issued by the CPC Central Committee, the State Council and the Ministry of Education will play a key role in the fundamental solution of the problem.

Keywords: School-based Curriculum; School-based Teaching Materials; Language Norms and Standards; Editorial Quality

作者简介

徐欣路,北京语言大学中国语言文字规范标准研究中心副主任。主要研究方向:语言政策与语言规划、语言文字规范化标准化。

印度尼西亚独立后语言教育政策的发展

苏琳琇

[摘　要] 作为民族、语言多样性的国家，印度尼西亚采取的语言教育政策对社会的方方面面有着重大影响。本研究从纵向角度阐述了印度尼西亚独立后的语言教育政策并结合其时代特点和背景论述了语言的发展趋势；再从横向角度将印度尼西亚的语言教育政策分成：国语教育政策、民族语言教育政策和外语教育政策三个维度，分别论述了印度尼西亚语言教育政策的制定、执行过程以及分析印度尼西亚语言教育政策与政治、教育、文化等方面的关系。本文根据印度尼西亚单语主义的特点提出"构建和谐多样的社会语言生活"的对策，从多样性的语言观推动印度尼西亚社会语言生活的健康发展。印度尼西亚语言教育政策的制定、实施、效果等发展中的经验教训，能为多元化国家的语言规划提供新的参考视角和思路。

[关键词] 印度尼西亚；语言教育；语言多样性；语言教育政策

印度尼西亚（以下简称"印尼"）位于亚洲东南部，是约17508个大小岛屿组成的"千岛之国"。印尼是世界第四人口大国，总人口约2.68亿（2019），[1]仅次于中国、印度和美国。根据2010年第六次人口普查的数据，全国总人口大致分布在6000个岛屿上，其中爪哇岛人口密度最大，约57%的居民居住于爪哇岛。根据2010年统计，全国有300多个民族（其中有1340个部落），而爪哇族是印尼最大的族群，占总人口的40%以上，约9520万。

根据印尼官方的语言建设与发展局（简称语言局，Badan Bahasa）从1991—2017年在印尼的2648个观察区进行语言分布研究的统计结果可知，印尼的地方语言（不包括方言和次方言）多达668种，而根据每个省份的语言分布数量则为750种，数据不一致的原因是中东努沙登加拉、马鲁古以及巴布亚地区的语言数量尚未确定。

自独立以来，印尼只承认一种官方语言，即印尼语（又称巴哈萨，Bahasa）作为国家通用的正式语言。据2010年统计结果，印尼境内有92%的人口表示能用印尼语进行交际，但实际上印尼语并非是他们的母语，仅有4268万人（占19.94%）表示在家中使用印尼语，该数据仅次于爪哇语（占31.79%）。根据2019年《民族语：世界语言》的统计，全世界近2亿的人使用印尼语，其中4330万人是印尼语的母语使用者，而1.55亿人把印尼语作为第二语言（是全世界第二语言中的第六大语言）。[2] 由此可见，印尼语的发展日益增长。作为多民族、多种语言、多种文化交融的国家，印尼制定的语言教育政策值得我们进一步研究，可以为其他多元语言社会解决相关语言问题以及为多民族国家制定、调整与完善语言教育政策提供重要的

---

[1] 该数据根据2019年联合国人口司的统计标准，而根据2010年印尼中央统计局的数据为2.376亿人口。
[2] 《民族语：世界语言》（Ethnologue: Languages of the World）是一个语言学的相关网站，是基督教以传教为目的的少数语言研究服务机构，由美国国籍语言暑期学院（简称暑期语言学院或SIL国籍）出版。第22版于2019年2月21日发布。

启迪意义和相应的措施。

一、印尼国语教育政策

（一）国语地位的确立

印尼语起源于古马来语，是根据区域性和社会群体的不同性质而形成的变体。长期受殖民统治、移民因素、全球化发展的趋势等众多原因，使印尼的语言分布、语言生活及语言能力也随之受到很大的影响。虽然印尼语与马来语的同源词多达80%以上，但印尼语吸收了很多语言成分，其中包括本国的民族语言（如爪哇语、巽他语等）和外来词语（如荷兰语、葡萄牙语、阿拉伯语、华文等）。

在西方殖民者入侵东南亚之前，马来语已成为该地区古代王朝和马六甲海峡的通用语言。从16—19世纪，葡萄牙、西班牙、荷兰、英国先后纷至沓来。他们的到来使群岛的混合语言深受影响，同时促进了印尼民族主义精神的产生和发展。进入20世纪，印尼原住民意识到语言对民族团结的重要性，统一的语言文字能够协调民族关系，是民族最大的凝聚力。1928年10月28日印尼青年会议上提出了"青年誓言"，内容为：一个祖国、一个民族和一种语言。这三项决议强烈表达了印尼人民建立一个统一的国家及争取国家独立的坚强意志。独立运动家在会议上决定选择当时通用的语言作为民族统一的标志，从此诞生了"印尼语"。

独立后，印尼政府于1945年8月18日签署了《1945年基本宪法》（UUD 1945），正式以宪法形式确定印尼语的官方语言地位（宪法第三十六条），1950年公布的《临时宪法》再次规定印尼语为国家唯一的官方语言，该宪法为印尼语提供了强有力的宪法保障，成为印尼国家机关、法律裁决及官方场合的语言。

（二）国语地位规划

1972年总统令明确了必须在正式公共场合和国家商业领域使用印尼语，该法令使印尼语的地位进一步得到确认。1975年2月25—28日在雅加达召开的国家语言政策研讨会①所制定的结果，巩固了印尼语作为国语和官方语言的功能，内容如下：

（1）印尼语作为身份建构功能（国语）包括：第一，国民自尊象征：印尼语反映了印尼民族的社会文化价值观；第二，国家身份象征：印尼语作为国家形象是民族精神的象征；第三，民族团结象征：印尼语是全国各民族统一的语言，有助于增强民族凝聚力，促进各族人民的和谐发展；第四，区域间和跨文化的交际工具：印尼语作为不同种族以及各类人群的交际语，克服语言文化差异的障碍，保证公民之间、地域之间、民族之间的交际顺利进行。

（2）印尼语作为全国各个领域的主要语言（官方语言）包括：第一，在全国范围内推广普及国家官方语言文字；第二，教育机构的教学语言；第三，实施国家发展规划和维护国家利益；第四，推动文化与科技融合发展。

李宇明（2015）指出语言的存在价值在于它的功能。语言是符号系统，是通过人类发挥其社会功能，涉及交际和思维功能；语言也蕴含着文化功能，包括文化重要的组成部分、负载者、阐释者、建构者，且具有民族文化"图腾"的作用。从以上印尼语的功能可知，印尼的国语规划更重视语言的"文化功能"，强调国语对公民和群体的身份与象征的作用；但随着国语在印尼的广泛传播，逐渐在社会中发挥其作用并上升为国家境内主要的交际语言。

（三）国语教育政策

独立以后，印尼语教学成为国家事务。确立印尼语的法定地位后，如何对其进行推广和普及就成为当政者首要考虑的问题。政府以各种方式推广印尼语，但教育制度始终是传播和发展语言最有效的途径之一。下面主要分析印尼独立后采取的语言教育政策。

---

① 印尼文教部直属的语言中心（如今语言局）举办的国家语言政策研讨会（Seminar Politik Bahasa Nasional）是印尼语言规划中最重要的会议，该研讨会的结果为制定印尼语言政策提供参考依据。目前已举办3次（1975年、1999年和2015年）。

1. "旧制政体"下的国语教育政策（1945—1965年）

建国初期，印尼教育战略不明确，各级学校的课程基本沿用了荷兰殖民时期的教育模式和传统宗教的教育模式，教学部统管的学校沿袭荷兰课程模式（王受业、梁敏和、刘新生，2006：316-319）。正如苏·赖特（2012：88）所说，"教育体制需要确保最新规范化后的语言能够传播开来，但是在独立后的头几十年中，印尼教育部没有足够多的经过训练的讲流利标准印尼语的老师来实施其国家语言政策"。

印尼教育部长于1947年5月12日成立了教育教学调查委员会并于1950年发布"1947年课程计划"，但该计划仍然受荷兰和日本殖民教育系统的影响。然而，由于1945—1949年独立之初，印尼先后发生了三次较大规模的战争，导致当时的语言教育未得到充分落实。

印尼政府于1950年首次发布《教育法》，该法律作为国家教育事业发展的目标和指导方针，其内容强调印尼语作为所有年级（从小学到大学）的唯一教学语言，但允许未掌握印尼语的托儿所和小学前三年的学生使用当地语言作为过渡性语言。然而，不同时期的课程内容大体相同（课程的时间分配和科目名称除外），规定所有中小学阶段的必修课都必须包括印尼语课（每周4—8课时，每课时35—45分钟）。

2. "新制政体"下的国语教育政策（1966—1998年）

苏哈托（Suharto）[①] 执政时期，印尼先后组织了多届语言大会并讨论了必须进一步推进印尼语的规范化、标准化，大会指出掌握标准印尼语是社会经济发展的必要，以提升印尼语作为国家通用语的地位和功能。苏哈托当政的31年中，发布了一批关于规范化的重要方案和书籍，即1972年的《精确拼音方案/EYD》，1975年的《印尼语精确拼音方案指南》《印尼语通用术语》以及1988年的《印尼语大词典》和《印尼语标准语法》，这些工具书和参考书都成为印尼语走向语言标准化与规范化的必备条件。值得一提的是，自从1972年正式颁布《精确拼音方案/EYD》以及至今使用的《拼音方案指南》，政府强调该拼写指南作为所有政府机构、私营机构和公民使用标准印尼语的基本准则。其内容除了字母拼写法，也包括正字法、正词法、正写法、标点符号用法等规则。如今，所有教育机构仍然把拼写法指南作为教授学生印尼语书写的标准。

苏哈托规定标准印尼语作为国民教育最重要的主题。这意味着印尼语教学注重培养学生使用标准印尼语的口头和书写能力，以保证语言的规范性、系统性。印尼语言学家Nababan（1991：122）指出"印尼语具备的功能包括：工具功能、文化功能、认知功能（与智力发展相关）和整合功能（与团体身份相关），说明印尼语在全国范围内具有很强的实用性。"这也正如Syamsuddin（1985：89）所说的"由于印尼语具有交流工具的特征，适用于教育各个领域的语言。"基于此，学校的各种活动一律使用印尼语，包括教师在所有课堂上必须使用标准印尼语作为教学媒介语，学校使用的教材、词典等书籍都一定要采用标准的语言文字。

此外，印尼法律要求所有公立和私立教育机构中的教学、考试、学位证书以及学术论文的语言必须使用印尼语，同时也要求合作学校（国际学校）开设印尼语课。在高等教育阶段，所有专业都必须为学生提供三门必修课（宗教课、公民课和印尼语课）。尽管"新制政体"的语言教育政策反映了语言的推广具有强迫性、全面性、彻底性，但政府的目的是为公民树立"团结"的理念，让各部族通过使用统一"平等"的语言以消除彼此间的差异与障碍。

3. "改革时期"的国语教育政策（1998年至今）

目前现行的教育体制还是以2003年《教育法》为基础，其间先后三度对课程大纲进行了修订（2004年、2006年和2013年）。2003年《教育法》第三十

[①] 印度尼西亚共和国第二任总统（任职时间为1967年至1998年）。

七条规定,"所有初等教育、中等教育以及高等教育都必须开设语言课程"。政府于 2005 年发布了《国家教育标准条例》,① 以保证和监管国家教育的质量。同年,为落实《国家教育标准条例》的各项措施,成立了国家教育标准局(Badan Standar Nasional Pendidikan)以协助文教部制定、监督、评估实施国家教育标准相关工作。《国家教育标准条例》的出台是为了给全国教育提供参考标准,以实现优质的国民教育。

2009 年出台的《印度尼西亚共和国国旗、国语、国徽和国歌法》(以下简称《国语法》)明确了印尼语的法定地位和应用范围。《国语法》指出"作为国家官方语言,印尼语必须用于教育、国家级交流、民族文化的发展、贸易往来、文献编纂、科学研发、技术、艺术和大众传媒",同时还制定了如何发展、建设和保护语言文学以及印尼语提质升级的条款。

2016 年颁布《国家教育标准内容》规定基础教育和中等教育的语文课包括:小学至高中的印尼语课;初中至高中的英语课;高中的外语选修课(阿拉伯语、日语、德语、韩语、中文和法语)。其内容包括每种语言的能力标准和课程范围,该《国家教育标准内容》为国家统一规定了所有课程的结构,为学校课程的设置提供了参考框架。

2013 年课程大纲的出台,政府逐步在各个地区实行新的课程大纲。目前文教部规定全国教育单位必须于 2018/2019 学年起更换采用 2013 年的课程大纲。2013 年的课程大纲均由中央政府管控,统一制定、实施、监测评估,地方政府仅承担协调执行的任务。表 1 为参考《国家教育标准条例》制定的 2006 年和 2013 年课程框架的比较(义务教育阶段)。

表 1 2006 年和 2013 年中小学语文课的比较② 　　　　　　　　　　单位:学时

课程大纲	小学年级和时间安排						中学年级和时间安排		
	一	二	三	四	五	六	初一	初二	初三
2006 年(印尼语)	主题方式授课			5	5	5	4	4	4
2006 年(英语)	无						4	4	4
2013 年(印尼语)	8	9	10	7	7	7	6	6	6
2013 年(英语)	无						4	4	4

从表 1 可以看出,2006 年中学阶段的印尼语与英语的时间安排相同,而小学一至三年级所有课程(包括印尼语课)的授课方式是"寓教于乐",鼓励学生在课堂上积极主动地完成学习任务(郑阳梅,2015);2013 年的印尼语课自小学起课时就很充裕,强化学生的印尼语基础,重视印尼语的教育。

根据国家语言局的统计,无论在印尼还是国外,向外国人教授印尼语课程的早已开展。目前,在印尼已有 60 多所教育机构(包括国立大学、私立大学以及其他培训机构)向外国人开设印尼语课程。与此同时,印尼语课程已经在全球大约 45 个国家的 200 所机构(包括大学、外国文化中心、印尼驻华大使馆或领事馆、培训机构等)开展。这表明印尼语教育已迅速发展与传播,也证明了印尼语在国际社会的地位。

二、印尼民族语言教育政策

(一)民族及其语言地位规划

印尼是多元民族的国家,其中爪哇族是全国最大

---

① 目前施行的《国家教育标准》是 2015 年第 13 号的新修订条例,相关内容于 2016 年颁布。
② 小学阶段每一节课 35 分钟;初中阶段每一节课 40 分钟。

的民族，但印尼却不把爪哇族以外的民族称作少数民族，而把所有的民族都叫 suku bangsa（国家部族）。印尼各族的语言叫 bahasa daerah（直译为"地方语言"），与方言（dialect）不同（孔远志，1992：80-81）。印尼法律中所指的"bahasa daerah"就是民族语言，又称为地方语言。印尼宪法上规定"地方语言是印尼境内除印尼语之外的区域和/或社区团体之间的交流工具"，从以上的定义可以看出印尼政府自独立以来已经重视地方语言在社会中的实用性。

《1945 年基本宪法》第三十二条第一款对各民族表示支持与鼓励多元文化的发展，其规定为"国家通过保障人民维护和发展自己文化价值的自由，促进印尼民族文化在世界文明中的发展"，该规定充分体现了国家对多元文化的认知及其发展的重视。尽管如此，宪法赋予的自由并不是无限制的自由，因为地方语言的发展在一定程度上会与国语相关的条款发生冲突。为了在日常生活中能够促进社会之间的文化交流，使用和发展本民族语言文字的同时，既要尊重其他民族的语言文字，又要学习全国通用的印尼语。

1954 年第二届印尼语言大会做出的决议提及地方语言的政治地位，1975 年第一届国家语言政策研讨会进一步巩固了地方语言的地位及作用，即"地方语言具有以下功能，包括：①作为地方民族自豪感的象征；②作为地方民族身份的象征；③作为家庭和地方社区的交流语言；④作为印尼民族文化发展的支持工具。此外，地方语言与印尼语关系上的作用包括：①国家语言的支持者；②某些地区小学低年级的教学语言，以方便进行印尼语和其他科目的教学；③丰富印尼语的词汇资源，而且在某些情况下，地方语言可以辅助印尼语进行区域管理"，2014 年第 57 号政府条例对以上决议进行了巩固和完善。以上地方语言的功能和作用证明政府承认地方语言是印尼多元文化不可分割的重要组成部分，并赋予地方语言授权的保证。政府推行多语主义在社会生活中的实际应用，认可地方语言在语言多样化中的使用范围及其使用权利（Depdikbud，1981：149）。

为了维护和发展民族语言文化，国家采取保护地方语言的法律，即《1945 年基本宪法》第三十二条第二款规定"国家尊重和保护地方语言作为国家民族文化的财富"，此条款充分体现国家保障民族使用和发展本民族语言文字的权利并指出各民族的语言文字承载了丰富的文化内涵。基于本条款的内容，政府于 2009 年发布第 24 号《国语法》。其中，第三章的第二十五条至第四十五条列出有关印尼国语、地方语言和外语的法律条例。

(二) 民族语言教育政策

1. 作为当地的教学语言

政府通过颁布《教育法》规定，在学生未能掌握印尼语的地区，小学前两年（有些地方到三年级）[①] 可以使用当地语言或民族语言作为过渡性教学语言，而从小学三年级以上至高等教育使用的教学语言是印尼语。另外，在偏远地区使用几种本地语的区域（如巴布亚）可以在小学二、三年级以后继续使用本地语作为教学语言辅助低年级教学。1975—1989 年，国家课程大纲（1975）曾经撤销地方语言作为低年级的教学语言并将印尼语作为唯一的教学语言，强制所有的民族子女必须学习使用印尼语。该课程大纲引发广大人民群众的反对，但政府当时并没有推出任何解决方案。随后印尼政府于 1989 年发布修订版的《教育法》撤回 1975 年的规定并通过《2003 年国家教育体制法》第三十三条第二款巩固了地方语言作为低年级教学语言。

2. 地方语言教育纳入学校课程

自独立以来，印尼政府除了在法律上规定地方语作为低年级的教学语言以外，还开设了地方语言课程，证明印尼实施了多语教育（Multilingual Education）规划和采用全民教育（Education For All）

[①] 1950 年第四号教育法（后改为 1954 年第 12 号教育法）第五条规定"幼儿园和小学低年级（1—3 年级）的教学语言可以使用当地语言"，而其地方语言与印尼语相似的地区，仅在一、二年级使用地方语言作为教学媒介语。

原则。1947年课程计划中专门要求爪哇岛开设爪哇语、巽他语和马都拉语的地方语言课程,规定小学阶段一、二年级每周上10学时,三年级上6学时,四至六年级上4学时(当时每学时为30—40分钟),之后也日渐在全国推进开设地方语言课程。但随着时代的变迁,地方语言的课时也逐渐减少,1984年国家课程大纲规定中小学每周只上两个学时。

1994年,新的课程大纲出台(1999年进行修订和补充)将地方语言课程换成新的科目,即当地课程(Muatan Lokal),[①]旨在依据需要而培养学生的能力。当地课程的安排和课程内容是根据所在地的实际情况以及学校的设施条件进行开发,既可以安排语言课程,也可以安排文化课、体育课、艺术课等。作为文化课程,注重讲解传统文化的形式(传统艺术、音乐、歌唱、舞蹈等);而作为语言课程,所涉及的语言包括地方语言和外语(一般为英语)。当地课程是中小学的主修课,但成绩不用于升学,也不属于国考的内容。这门课程获得了社会与广大群众的认可,之后于2003年7月8日颁布的第20号《教育法》对此进行了巩固。

三、印尼外语教育政策

1975年第一届国家语言政策研讨会指出,所谓"外语",其具体含义就是"印尼语、地方语言以及马来—波利尼西亚语系以外的语言"。大会还强调,"虽然一些语言是某些印尼公民的母语,但其地位仍然是外语。因此,不允许用于日常交际、不能作为国家的官方语言,只在无法使用印尼语和地方语言进行交往时,则允许使用外语"。

在教育领域,政府允许教育机构开设外语课,但必须确定该语言不会与印尼语和地方语言发生任何程度上的语言竞争。外语必须以外语教育的本身发展为目的和基础,即培养擅长外语的人才。因此,必须掌握外语,以便将它们用作促进国家和民族发展的工具,帮助国家实现自由和积极的外交政策,并帮助印尼与世界各国建立友好关系。

选择外语的决定性因素包括政治、宗教、文化和经济。鉴于《1945年基本宪法》第三十六条的规定以及地方语言作为各地本民族的日常用语,那么根据其用途,很显然,外语在印尼地位只排第三,仅次于印尼语和地方语言。1975年语言政策研讨会中也将外语的功能定义为:①国家间的交流工具;②丰富印尼语的工具;③作为研究、发展现代知识与技术的工具。可见,外语主要起着工具作用,2009年颁布的语言法也进一步巩固外语的这些功能,到目前依然有效。

1989年和2003年颁布的《教育法》规定,"外语可以作为某些教育单位的教学语言,以支持学生的外语技能发展";1999年和2012年《高等教育法》也规定,"在必要的范围内,外语可用作教学语言,用以传播知识和/或培训技能"。另外,2009年第24号《国语法》中第二十九条至第三十九条规定,在各个领域上若印尼语和地方语言无法发挥其交流功能,可用外语进行交际。下面将对流行程度较高的外语(英语、阿拉伯语和华语)的语言政策及教育现状做描述与分析。

(一)英语教育政策

1949年,印尼独立得到国际社会承认以后,国家获得了来自母语为英语国家的大量支持(卡普兰、巴尔道夫,2014:116)。1954年,第二届印尼语言大会的总结报告指出"印尼教育机构教授的外语主要是英语。英语作为印尼的第一外语是基于其作为国际语言、科学语言、现代技术、贸易、政治语言等的地位而成的。简而言之,国际交往中,几乎所有社会生活领域都将英语作为一种重要的交际手段。这与印尼优先考虑的选择和确定外语的决定因素一致。"

20世纪60年代末,在苏哈托执政时期,印尼政

[①] 张丹(2017)《印度尼西亚独立以来的教育发展研究》指出,政府制定当地课程的主要目标是在一定程度上给学生发展的机会,使学生更好地了解他们地区的自然社会环境,适应各自地区的需要,并通过掌握基本技能、生活技能和创收技能成为他们地区内有用的成员。

府开始对国家教育进行改革,这个时期的英语教育取得较大的发展。在有序推进英语教育普及工作中,国家文教部于1967年12月12日颁布第96号法令明确指出,英语在印尼享有重要地位,被规定为国家的"第一外语",需要将其设置为中学和高等教育的必修科目。

20世纪80年代后,为了配合国际化战略的实施,原本的单语制不得不转向多元的语言教育政策,以实现经济发展、社会稳定、民族和谐的目标(江健,2011)。而随着印尼政府开放政策的推进,英语继续享有重要地位,其教育普及率以及社会对英语教育的重视程度也越来越高。1989年颁布的《教育法》进一步巩固英语在教育领域的地位,允许从小学起开设的英语课每周为60—90分钟。英语课由原来的只为中学开设的课程转为从小学阶段起必须教授的课程。

2003年《教育法》中的课程设置规定所有教育阶段必须开设语言课,对于"语文课"的解释,政府指出三种语言(印尼语、地方语言和外语),其中外语是指英语作为国际性语言对发展国际关系起着重要作用。由此可见,印尼独立几十年后仍然把英语视为国家的第一外语,证明这些年英语对于国家的真实发展以及对建立良好的国际关系有着实际价值。但无论如何,根据法律,英语或外语仍处于印尼语之下,在印尼的地位只能是一种补充或辅助印尼语的语言。

(二) 阿拉伯语教育政策

阿拉伯语在印尼经常用于宗教活动、诵经和教育。作为伊斯兰教义的主要来源,阿拉伯语在印尼的伊斯兰教研究中具有重要的战略地位。正如陈章太(2015)所说,"宗教是语言使用的一个十分重要的领域。宗教的传播是同语言的传播直接联系在一起的"(陈章太,2015:131-132)。据2010年印尼人口普查结果显示,印尼共有87.18%的人口信仰伊斯兰教,这使得印尼成为世界上穆斯林人口最多的国家。

1999年,根据第二届国家语言政策研讨会的决定,阿拉伯语被定为印尼的第二大外语,仅次于英语。除了作为外语,它也是穆斯林的文化语言,与其他外语一样,具有丰富印尼语词汇资源的功能(Alwi,Sugono,2011:18)。政策研讨会也对阿拉伯语的教育做出以下决定:①阿拉伯语是伊斯兰学校的必修科目;②在非伊斯兰学校,阿拉伯语可以作为中等教育的选修科目之一;③在高等教育,阿拉伯语可以作为一门学科。

国家通过颁布1989年《教育法》认可宗教教育,并将其分为两种形式,即正规教育和非正规教育。宗教教育旨在培养学生理解其宗教价值观并通过实践成为宗教神学家。目前全国宗教教育最多的是伊斯兰学校,该校的中小学教育课程结构由政府规定,其课程设置在教育单位、社会团体和伊斯兰学校委员会的合作下进行。小学的宗教教育由县级的教育处和宗教事务办公室进行监督;中学的宗教教育由省级监督。

伊斯兰学校一般在幼儿园阶段就开始给孩子教授简单的阿拉伯语,主要目的是为孩子将来阅读《古兰经》打好基础。印尼宗教部规定,伊斯兰教初级中学或其他同等级的伊斯兰学校必须为中学阶段的学生提供阿拉伯语课,被定为必修科目;在国民教育机构,初级中学阶段的语言选修课也会开展阿拉伯语课,每周至少上两课时。可见,伊斯兰学校的阿拉伯语课程与其他学科密不可分,都一样重要。

(三) 华文教育政策

据史载,中国人自15世纪已开始在群岛国居住,十八九世纪的大规模移民浪潮使更多的中国人移民到印尼。从民族身份的角度来看,华人在不同时期有着不同的身份地位。在荷兰殖民时期,当局把殖民地的人民划分为三个等级,其中阿拉伯人、印度人、中国华人等被归类为"东方民族"。而在印尼独立以后把已获得印尼国籍的华人划分为"外来民族"或"非原住民"(又称"非土著",Non-Pribumi)。进入21世纪,政府实行民族改革开放政策,承认数百万定居印尼的华人是当地民族之一,"华族"。现在几乎所有的华人已加入了印尼国籍,使华人在印尼宪法上和法制上也被认可为印尼公民。

作为印尼的民族之一,虽然华人的身份已明确了,但他们使用的语言却没有被划分为民族语言或地方语言。根据 2009 年第 24 号《国语法》,"地方语言"的定义是印尼公民在印尼领土内历代使用的语言。虽然居住在印尼的华人按照历史来讲已有数百年了,但由于华人群体分别居住在全国各地区,所以该定义仍然无法完全确定华族使用的语言是"地方语言"。1999 年第二届国家语言政策研讨会的总结报告指出"外语"的定义是除了印尼语、地方语、马来—波利尼西亚语系以外的语言,并强调即使该语言是某些印尼公民的母语,但其地位仍然是外语。而且,政府出台的国家课程大纲中也将华文课列入与其他外语课同等的地位(如英语、阿拉伯语、日语等)。由此说明,华族作为印尼的民族之一,其语言仍然不被认可并被划分为"外语"。

从教育的角度来看,印尼的华文教育早在十七八世纪就已开始,至今已经有 300 多年的历史。下面探讨印尼独立后华文政策及华文教育的发展和变迁。

1. 独立建国后"旧制政体"(1945—1965 年)下的华文教育

印尼独立时出于政治上的目的,苏加诺(Sukarno/Soekarno)① 全力在印尼推进国语优先的语言教育政策。1950 年,印尼政府开始对华校发布诸多限制性的条例。1952 年推出新的规定,限制外侨私立学校使用的教学语言、课程设置、教材,监督管理学校的各类活动的同时也规定小学三年级起的华人学生必须学习印尼语,要求每周至少四课时以上并且要求学习与印尼相关的课程(历史、地理)(王晋金,2015:117)。不过,这一状况在短时间内也得以改观,主要原因是 1950 年印尼政府与新中国建立邦交关系,使政府对华人采取宽松的政策。同时,也为华文教育带来了新的发展契机(耿红卫,2007)。1950—1957 年是华文教育的兴盛期。据记载,1957 年华人办的各类学校(包括幼儿、小学至中学)近 2000 所,学生 40 余万人,在海外华文教育史中占有重要地位(温广益,1997)。

20 世纪 50 年代末期,印尼华文教育的迅速发展引起了当局的戒备,政府对此采取严厉的手段,并开始打击华文教育的发展。1957 年文教部发布决定令,规定所有的外侨学校必须掌握印尼语并且确保通用印尼语。当年政府开始策划了反华排华行动的准备,主要体现在政府开始下令在某些地方停办外侨学校,使很多华人子女被迫停学(兰台,2014)。

1957 年 11 月,印尼政府颁布第 989 号军事条例,即《监督外侨教育条例》,指出从 1958 年 1 月 1 日开始,禁止所有印尼籍学生就读外侨学校(多为华校),迫使学生退出外侨学校并强使许多外侨学校改为印尼国民学校。此外,还规定各个地方加强监督外侨学校的活动,限制外侨教育的进一步发展。印尼政府采取新的政策措施使华文教育迅速萎缩,导致许多华人子女失去了求学的机会,同时,也使许多华人教职员工被解聘(Suryadinata,1984:159-160)。

1963—1965 年,随着国际形势变化,中国的崛起使印尼与中国的关系好转。印尼政府再次对华校采取宽容的政策,华文教育事业也重新得到了复苏和发展的机会(温广益,1997)。印尼政府准许印尼籍华人创办学校,设置几节华文课,但规定其余课程的教学语言都必须使用印尼语。

1965 年"九三〇"事件后,政局发生了重大的变化。苏哈托推翻苏加诺的"旧制政体"之后,建立了苏哈托为首的"新制政体"。苏哈托政府对华人推行了全面强制的同化政策,彻底压制华文教育。

2. "新制政体"(1966—1998 年)下的华文教育

"九三〇"事件后,共产主义被列为非法组织。苏哈托上台执政时,印尼全国策动反共反华大清洗,大批消灭共产党成员。同时,印尼政府也将华人当作共产党成员处决,导致十几万华人遭到迫害。

在教育方面,政府以危及国家安全为由,采取了各种极端手段打压华人教育。1966 年,印尼文教部颁

---

① 印度尼西亚共和国第一任总统(任职时间为 1945 年至 1966 年)。

布了《关闭全国外侨学校执行条例》,并在全国范围内实行禁止华人的文化活动以及关闭所有存在的华文学校或将其改为国民学校。此外,出于政治原因,当局禁止出版华文刊物、禁止进口和流通华文录音带和影片、解散所有的华人社团,甚至取缔华人使用华文的权利,彻底剥夺了华人的人权。

1966年7月教育部颁布的法令与1967年总统令规定,允许华校失学的学生到国立学校读书,但限制华人子弟入学的人数。政府规定每所学校或每个班级的华人学生不能超过"原住民"学生总人数的40%。尽管1989年颁布的《教育法》承认三种语言(印尼语、地方语言和外语)为学校的媒介语,但当时政府并没有把华文纳入这三种语言。

20世纪80年代末和90年代初,受世界经济全球化的影响,印尼由同化政策逐步转向多元文化政策。此外,随着中国改革开放和综合国力的增长,印尼于1990年8月8日与中国恢复了断绝23年的外交关系,并与中国进行经济贸易、文化等方面的友好往来。虽然政府对华文政策稍有放松,但实际上对印尼的华文教育仍然保持高度的警惕(王晋金,2015:119)。1998年苏哈托下台后,印尼开始进入民主改革过渡期,逐步放宽并撤销了抑制华人的歧视政策。

3. "改革期"(1998年至今)下的华文教育

哈比比(Habibie)[①] 于1998年宣布允许中文教育作为学生的选修课;2001年国家教育部决定将中文列入国民教育体系,成为中学阶段的外语选修课程,甚至有些幼儿园和小学也开设了中文课(文峰,2008)。同年,国家教育部与中国教育部签署了合作开办中文教师培训班。为了推动中文教学以及提高教育质量,首次在雅加达、泗水、棉兰、万隆四地举办了汉语水平考试(耿红卫,2007)。2003年国家批准成立半官方性的华文教育协调机构(Badan Koordinasi Pendidikan Bahasa Mandarin),该机构旨在为中印两国之间建立一座桥梁,从而助推印尼的华文教育。

尽管全国各地都纷纷开办中文补习学校和培训班、许多高等院校也开设了中文专业,但中文教育仍只是选修课以及非正式教育单位或机构的教学语言,并不是通过正规的课堂教学途径向学生传授中华文化知识。自苏哈托执政,印尼已不存在华校,而且根据印尼教育法规,国家只允许建立国民学校和国际(合作)学校,不允许独立创办民族学校。2003年召开的第二届印尼全国华文教育研讨会确定了建立印尼语、英语和中文的三语学校(Sekolah Nasional Plus)。[②] 新型的三语学校属于国民学校,同样采用国家课程大纲,但增设加强中文和英语课程。该校符合印尼国情也满足了社会的需求,截至2015年全国的三语学校已达到近70所(高承,2016)。

为促进中国与印尼两国关系全面发展,自2005年双方国家元首签署了中印战略合作伙伴关系的联合宣言后,两国关系更加密切。印尼第一所由国民教育部认可的孔子学院(印尼语为Pusat Bahasa Mandarin)于2010年成立,之后于2011年和2019年陆续建立6所孔子学院。这些孔子学院都是印尼教育部与中国孔子学院总部(国家汉办)合作建设的汉语中心/PBM。目前,印尼现有7所孔子学院(与5所印尼公立大学,两所印尼私立大学合作)和两个孔子课堂。

四、单语主义对印尼语言教育的影响

自独立以来,印尼政府强调印尼语作为政府部门、教育、媒体等领域的主要语言。政府大力推广使用印尼语,甚至对某些民族实施了强制性同化政策。教育、移民和通婚,这三个基本因素能够彻底消灭一种语言,同时灭绝承载该民族文化的语言。生活上接触的强势语言在一定范围内能够"侵蚀"弱势语言。本文的强势语言是指国家通用的印尼语。某个民族长期密切接触强势语言,以致渐渐趋向融合,甚至语言转移,强势语言代替了各自的传统语言。印尼实行的

---

① 印度尼西亚共和国第三任总统(任职时间为1998年至1999年)。
② 三语学校的教学语言:印尼语、英语和中文。

单语主义,对国家境内的主要语言带来的影响分为以下三种:

(一) 对华文的影响

出于政治上的目的,政府以危及国家安全为由,采取各种强制手段打击华人,彻底阻滞禁止华文发展。为了使华人群体的语言转移,政府实施一系列语言同化政策,以强势的印尼语打压弱势的华文,导致华文教育在印尼中断了30多年。目前,印尼已不存在传统的华文教育,很少华人子女以华文为第一语言,绝大部分的华裔是通过学校教育来接触祖籍国的语言。说明,印尼华文教育的学科性质,对大部分的华裔来说是第二语言教学。如今,汉语(华文)教学在印尼国民教育体系属于外语教学。根据2014年颁布第57号政府条例的第七条,华文作为外语的功能分为三个:①促进印尼与汉语为母语者国家的合作交流;②增进印尼对汉语国家的科学、技术和艺术的理解,推动语言与科技融合,深化交流;③汉语的词汇可用于丰富印尼的语言资源。由此说明,印尼的华文教育已从第一语言教学转换为第二语言或外语教学,其教学对象也从华人子弟转为全国公民。

(二) 对民族语言的影响

目前印尼民族的身份认同正在不可逆转地逐渐消退。这种语言文化转变在城市化的进程中尤为迅速。长期居住在某一个地区,因生活上的需要而使用当地语言,从而也就使本民族语言逐渐消退。而且新生代群体与现代化融合,日益增长的个体主义对传统语言文化的价值认可也日渐消退。

如果把语言看作经济资源,地方语言无法与印尼语和外语相比。但如果把语言看作文化资源,地方语言具有重要地位。它不仅作为民族身份,也是人类文化的重要组成部分。如今,印尼东部地区的许多语言正处于濒危状态,而造成语言濒危的因素主要有外部和内部因素。其外部因素是单语主义和全球化带来的影响,导致多数民族融入主流化,尤其是语言教育带来的影响特别大。人们为了融入社会,自愿选择放弃本民族语言,转用社会大众使用的语言;从内部的角度来看,大多数的语言没有文字记录,在保护方面存在各种问题。而且,消极的语言态度,可降低语言的使用频度,从而威胁语言的现实生存。

(三) 对外语的影响

为实现国际交往顺畅,实现多领域合作,进入21世纪后,印尼政府积极鼓励国民学习外语。尽管如此,政府在实际应用范围,尤其行政和教育方面还是实行各种限制性措施。印尼对外语人才的需求非常迫切,另外,在学校教授"外国"语言(尤其是英语)的效果仍然值得怀疑。全国初中和高中毕业生的考试成绩每一年都不尽如人意。据2017/2018学年的报告,初中生(普通学校和职业学校)国民考试英语平均成绩为40.59—49.59分;高中生平均47分(印尼文教部,2018)。主要原因是政府担心外国价值观(尤其是西方国家)的渗透会侵蚀印尼外语学习者的语言文化观,从而改变学习者的文化观。

另外,虽然印尼的穆斯林人数是全世界最多的,但不代表该国使用阿拉伯语的人数多于其他国家。在印尼,阿拉伯语的使用范围较小,只用于宗教活动中,使得生活上的语言接触特别有限,不能充分提升阿拉伯语学习的效率。事实上,除了在学校接受外语教育,印尼人在生活上很少有机会用到外语。在全球化时代,印尼需要与其他国家进行更频繁的沟通。因此,国家不仅需要培养良好的印尼语能力,还需要全面提升公民的外语水平。

五、单语主义条件下的语言教育发展对策

从目前印尼制定的教育政策来看,教育决策过程存在着三个缺失,即缺乏科学性、缺乏延续性和缺乏具体明确性,从而影响教育政策的有效执行。目前印尼语言教育政策的执行需要加强监督检查,以确保语言教育政策的落实,从而实现政策制定的科学化、制

度化与程序化的目标。根据印尼单语主义的特点及其对国家语言教育的影响，本文提出"构建和谐多样的社会语言生活"的对策，以多样性的语言观推动社会语言生活的健康发展。

（一）拯救地方语言的意识，提升民族的身份认同

面对各种民族身份认同的衰落、语言濒危等问题，政府于2014年颁布《关于发展、建设和保护语言文学以及印尼语提质升级》，按语言濒危的等级制定了相应的措施，其内容涉及三个层面推动地方语言的工作。虽然该政策还需要进一步完善，但已比较全面关注地方语言的实际问题。事实上，政策重在"落实"。印尼政策措施却总是"落实难"，或者执行不平衡、效果低，呈现出"只见树木，不见森林"的现象。

李宇明（2013）指出，规划语言的文化职能也需要遵循"自愿自责，国家扶助"的方针。《1945年基本宪法》保障人民维护和发展自己文化的自由，说明各民族都可以规划自己的语言文化。我们试图从微观的语言生活规划民族语言：首先，培养民族"资源"意识，让民族在文化视角下尊重各自的文体特征及其价值，有责任保护自己民族语言；其次，树立语言和谐理念。身处在多元文化环境下的每个语言都有其独特性，都是国家的财富，需要珍重每一种丰富国家资源的语言。政府除了从"管理"语言文化的角度界定其政策，也应当从"资源"的角度出发。关注语言文化内涵的"资源"，凸显语言文字的运用价值，民族语言文化保护不仅是语言学及教育学领域的任务，也应得到社会更大的支持，需要引入到文化学、历史学、社会学、政治学乃至科技学等领域进行保护与发展，将民族语言文化作为提升国家文化软实力的"工具"。

（二）增强使用印尼语的意识，作为国家共同体的身份认同

如今印尼语已成为国家的强势语言，其语言规划应当与时代的发展和社会的趋势逐步调适，但目前青少年使用标准印尼语的意识日渐下降，而在全球化浪潮的席卷下，印尼需要保证本国公民能够使用正确的国语，以避免在国际社会中被其他语言同化。

当前印尼语言战略的首要任务是树立使用"语言文字规范"意识，并将其作为"语言共同体"的理念。在语言教育领域，需要加强监督全体教职工使用规范化的印尼语教授所有的课程（地方语言课和外语课除外），树立全校使用标准印尼语的意识，以提高全体师生语言文字规范化的应用能力和水平，确保印尼语的健康发展。周庆生（2006）指出，从语言和谐理念来讲，语言多样化和方言都是国家的资源。在生活中，虽然各自不同，但都有社会交际功能。因此，只要确保规范语言文字能够在官方场合上使用就不必干预其他非正式场合使用的语言，实现语言和谐发展战略。基于此，树立标准印尼语的使用意识不能以强势的国语地位压制弱势的民族语言，需要有正确的语言观，在规划语言教育政策上坚持"语言平等"理念，接受多元语言共同存在的现实，尊重各民族的语言权利，充分考虑社会的需求并适时出台保护濒危语言的政策，全面推进印尼语言教育政策的发展。

（三）合理规划外语教育，应对全球化的需求

21世纪，除了实现印尼境内民族团结的目标，也要能够应对全球化的发展趋势。为了应对全球化的竞争，印尼既要面对挑战也要抓住机遇，努力提高印尼语教育水平并普及到世界各地。2009年《国语法》和2014年第57号的政府条例指出，需要将印尼语提质升级并使其成为国际语言，要加强对外推广印尼语教育，让世界各地更了解印尼语言文化。尽管该语言教育政策还需要从各个角度进行规划与实施，但国家确定印尼语将不会被全球化的碰撞同化。

外语教育应当从全局的角度出发制定适合印尼国情的语言教育政策，既要推动国家的发展，又要维护国家的安全，而不能只为经济贸易的发展来决定语言教育政策。印尼长期以来受政治和经济的影响而选取

英语作为第一外语,但事实上英语教育却没有达到其预期的效果,原因在于两个方面:国家自身存在双语或多语现象,使人们更注重生活上的主要语言;外语教育政策的落实力度不够全面,受到其他政策的限制或各种因素的干扰。因此,外语教育政策需要"适当"和"平等"对待,不能偏重一种语言而忽略其他语言的发展。

其他语言,如汉语也是印尼在外语教育政策中的重要考量。印尼的华文教育历史悠久,既属于印尼民族的母语,也属于外国语言。目前印尼的华文学习者不仅是华人子弟,其他民族的公民也纷纷学习世界上使用最广泛的"Mandarin(汉语普通话)"。印尼与中国自1950年建交,虽然期间曾中断外交关系,但是在2013年两国全面战略伙伴关系的确立再次凸显双方迈向和平与繁荣的关系。正因如此,"中文"已成为印尼构建新型国际关系以及促进民族和谐的必要条件。印尼语言教学的健康发展,离不开全面政策的指导和支持。在全球化时代,需要制定侧重多层面的语言教育政策,正确选择并把握"关键语言",以适应多元的语言需求、保障国家安全,实现国家的长足发展。

和谐语言生活是当此之时全球化浪潮之下的理念,强调需要从跨学科的角度(语言学、教育学、信息科学、经济学、政治学等)进行综合考虑。语言教育政策不仅要维护国家统一,也要推动各民族的多元发展,并且适应国际时代的语言需求。周庆生(2006)指出,语言和谐关系到人际、社会、民族的和谐,而且还影响国家的稳定和可持续发展。在多元化生活中,构建和谐的社会语言生活涉及多方面的关系,即内部和外部语言之间的关系。国家内部需要处理国语和民族语言、标准语和方言、通用语和语言多样性之间的和谐;外部需要处理母语和外语之间的关系。和谐语言将对国家走向世界,推动国家的全面发展具有巨大的作用。基于此,首先,印尼需要尊重各民族语言,强调民族语言对传承传统文化以及丰富国家资源的价值;其次,通过使用国语来提升国家认同感,建立民族共同体的意识;再次,全球化时代需要合理规划外语教育,以此增强国家竞争力,从而构建和谐语言、和谐社会、和谐生活。总而言之,合理规划印尼语言教育政策需要综合考虑,恰当地选取并合理分配各种语言的功能。

参考文献

[1] 陈章太:《语言规划概论》,商务印书馆2015年版。
[2] 高承:《印尼三语学校微观华语环境建设的特色分析》,华侨大学,2016年。
[3] 耿红卫:《印度尼西亚华文教育的历史沿革与现状》,《云南师范大学学报》2007年第3期。
[4] 江健:《东南亚国家语言教育政策的发展特征及趋势》,《比较教育研究》2011年第9期。
[5] 孔远志:《印尼语发展史》,北京大学出版社1992年版。
[6] 兰台:《毛泽东时代如何应对海外排华时间?》,凤凰网历史,2014年5月19日。
[7] 李宇明:《和谐语言生活 减缓语言冲突》,《语言文字应用》2013年第1期。
[8] 李宇明:《语言规划学的学科构想》,《语言规划学研究》2015年第1期。
[9] 王晋金:《中国和东盟国家外语政策对比研究》,云南大学出版社2015年版。
[10] 王受业、梁敏和、刘新生:《列国志:印度尼西亚》,社会科学文献出版社2006年版。
[11] 温广益:《1967年以来印尼华语教育的沉浮》,《华侨华人历史研究》1997年第3期。
[12] 文峰:《语言政策与国家利益——以印尼华文政策的演变为例》,《东南亚研究》2008年第6期。
[13] 张丹:《印度尼西亚独立以来的教育发展研究》,硕士学位论文,贵州师范大学,2017年。
[14] 郑阳梅:《印尼教育概况及其教育特色研究》,《广西青年干部学院学报》2015年第3期。
[15] 周庆生:《构建和谐的社会语言环境》,《中国民族报》2006年5月30日。
[16] Akhsan na'im, Harris. S.," Kewarganegaraan, Suku Bangsa, Agama, dan Bahasa Sehari-hari Penduduk Indonesia", Jakarta: Badan Pusat Statistik, 2011.
[17] Alwi, Hasan and Sugono, Dendy, "Politik Bahasa: Rumusan Seminar Politik Bahasa", Jakarta: Badan Pengembangan dan

Pembinaan Bahasa Kemendikbud, 2011.

[18] Depdikbud, "Politik Bahasa Indonesia", Jakarta: Balai Pustaka, 1981.

[19] 国家文教部, 教育评估中心网, "Hasil Ujian Nasional SMA tahun ajaran 2017/2018", https://puspendik.kemdikbud.go.id/hasil-un/。

[20] [美] 卡普兰·罗伯特、[澳] 巴尔道夫·小理查德:《太平洋地区的语言规划和语言教育规划》, 梁道华译, 外语教学与研究出版社 2014 年版。

[21] Nababan, P. W. J., "Language in Education: The Case of Indonesia", *International Review of Education*, Vol. 37, 1991.

[22] [英] 苏·赖特:《语言政策与语言规划——从民族主义到全球化》, 陈新仁译, 商务印书馆 2012 年版。

[23] Suryadinata, Leo, "Dilema Minoritas Tionghoa", Jakarta: Grafiti, 1984.

[24] Syamsuddin, "Sanggar Bahasa Indonesia", Jakarta: Depdikbud, 1985.

The Development of Language Education Policies in Indonesia after Independence

SU Linxiu

Abstract: As multi-ethnic and multi-lingual country, the language education policies adopted by the state has a major impact on all aspects of the society in Indonesia. This study expounds Indonesia's language education policies after independence period, and discusses trend of the development of language policies, based on the characteristics and background of the era. We analyzed three aspects of the language education policies in Indonesia, include: Indonesian national language, native languages, and foreign language education policies, through discussing the formulation and implementation process of Indonesian language education policies respectively and analyzing the relations between Indonesian language education policies and politics, education and cultures. This article proposes the countermeasures of "Building a harmonious and diverse social language life" according to the characteristics of Indonesian monolingualism, promoting the healthy development of Indonesian social language life from the perspective of diversity. The experiences and lessons of the formulation, implementation, and effectiveness of the Indonesian language education policies can provide a new reference for language planning, national language spread and language resource protection in diversified countries, and also provide new ideas for the standardization of language usage.

Keywords: Indonesia; Language Education; Language Diversity; Language Education Policies.

作者简介

苏琳琇, 北京语言大学博士。主要研究方向: 语言政策与语言规划。

图书在版编目(CIP)数据

语言规划学研究. 第9辑 / 李宇明主编. —北京：中国社会科学出版社，2020.9
ISBN 978-7-5203-7088-2

Ⅰ.①语… Ⅱ.①李… Ⅲ.①语言规划—研究 Ⅳ.①H002

中国版本图书馆 CIP 数据核字(2020)第 164077 号

出 版 人	赵剑英
责任编辑	周慧敏 任 明
责任校对	李 剑
责任印制	郝美娜

出 版	中国社会科学出版社
社 址	北京鼓楼西大街甲 158 号
邮 编	100720
网 址	http：//www.csspw.cn
发 行 部	010-84083685
门 市 部	010-84029450
经 销	新华书店及其他书店

印刷装订	北京君升印刷有限公司
版 次	2020 年 9 月第 1 版
印 次	2020 年 9 月第 1 次印刷

开 本	889×1194 1/16
印 张	6.25
字 数	175 千字
定 价	85.00 元

凡购买中国社会科学出版社图书，如有质量问题请与本社营销中心联系调换
电话：010-84083683
版权所有 侵权必究